RICHTIG AUSGETAUSCHT

Janina Gatzky gehörte 1990/91 zum ersten Austauschschülerjahrgang aus der ehemaligen DDR. Das Fernweh hat sie seither nicht mehr losgelassen. Sie lebte und studierte in Südafrika, den Niederlanden und den USA. Kultur, Sprachen und Austausch spielten auch in ihrem Studium zur Diplom-Übersetzerin eine Rolle. Anschließend promovierte sie über Möglichkeiten der Vermittlung interkultureller Kompetenz. Seit mehreren Jahren arbeitet sie erfolgreich selbständig als Übersetzerin für Englisch, Niederländisch und Spanisch. Dem Austausch ist sie weiterhin durch ehrenamtliche Arbeit, Berater- und Autorentätigkeit verbunden.

Bent Richter ist seit 2000 Gründungs- und Redaktionsmitglied von „Ausgetauscht“. Als Austauschschüler, Betreuer, Gastbruder, langjähriger Seminarleiter und Trainer einer Austauschorganisation hat er Schüleraustausch aus sehr unterschiedlichen Perspektiven kennen gelernt. Er besitzt einen Abschluss als Diplompsychologe und absolvierte 2003/2004 ein Masterstudium in Business Administration (MBA) in Argentinien.

Janina Gatzky, Bent Richter

Die Rückkehr aus dem Austauschjahr

Das Ende vom Anfang

www.ausgetauscht.de

IMPRESSUM

Herausgeber: Ausgetauscht-Redaktion

Gestaltung: Sisters of Design, Halle an der Saale

Titelgrafik: Frederik Poppe, Berlin

Illustrationen: Ana Sarrot, Córdoba (Argentinien)

Herstellung und Verlag: Books on Demand GmbH, Norderstedt

Printed in Germany

Wir danken dem Suhrkamp Verlag für die freundliche Genehmigung des Abdrucks des Fragebogens von Max Frisch.

ISBN: 3-8334-3198-9

INHALT

EINLEITUNG

Zwei Jahre oder länger ist es her, dass du dich entschieden hast, Teil des Lebens einer Gastfamilie, einer Gastschule, einer Gemeinde im Ausland zu werden. Als Austauschschüler hast du das Angebot angenommen, diese fremde Wirklichkeit mit ihren eigenen Sichtweisen, Gewohnheiten und Selbstverständlichkeiten aus einer besonderen Perspektive zu erleben: der Perspektive eines Menschen, der dazugehört. Du hast eine neue Welt mit einem ungeahnten Reichtum an Geschichte, Sichtweisen, Gebräuchen und Fertigkeiten kennen gelernt.

Jetzt ist es an der Zeit zurückzukehren. Vielleicht bist du aber auch schon zurückgekehrt und versuchst mit innerer Zerrissenheit, zwei Heimaten und Familien miteinander in Einklang zu bringen. Oder deine Rückkehr aus dem Austausch liegt schon länger zurück und du suchst nach neuen Wegen, deine Austauscherfahrungen weiterleben zu lassen, daran anzuknüpfen und sie nutzbar zu machen.

Ein Wort an die Eltern

Zwei Jahre oder länger ist es her, dass Sie als Eltern Ihr Kind in eine unbekannte fremde Welt haben gehen lassen. Obwohl Sie als Mutter oder Vater nicht direkt am Austauschjahr Ihres Kindes teilnehmen konnten, haben Sie es aus der Ferne erlebt, manchmal mitgefiebert und oft an Ihr Kind gedacht. Durch Ihre Unterstützung und Ihr Loslassen wurde dieses Austauschjahr überhaupt erst möglich.

Jetzt kommt Ihr Kind aus seinem Austauschjahr zurück und beginnt, wieder ein Teil Ihres täglichen Lebens zu werden. Dieser lang ersehnte Moment ist wunderschön – und doch nicht unbedingt leicht. Sie und vor allem Ihr Kind haben sich getrennt voneinander weiterentwickelt und neue Erfahrungen gemacht, die der andere nicht miterleben konnte.

Dieses Buch schildert anschaulich, welche Anforderungen die Rückkehr aus dem Austauschjahr an Austauschschüler und andere Beteiligte stellt. Es gibt Werkzeuge in die Hand, um möglichst weich zu landen, in einen neuen Lebensabschnitt einzutauchen und tiefen Nutzen aus den Erfahrungen zu schöpfen.

Wie die anderen Bücher dieser Reihe ist auch dieses Buch gleichermaßen ein Ratgeber für Austauschschüler, Eltern und andere Interessierte. Es kommen ehemalige Austauschschüler, Eltern, Gasteltern und Gastgeschwister zu Wort, die versuchen, Antworten auf Fragen zu finden, mit denen sich unzählige Rückkehrer immer wieder auseinandersetzen müssen.

Auch wenn wir an vielen Stellen den Rückkehrer persönlich ansprechen, bietet das Buch facettenreiche Einblicke in die Gefühlswelt, die Erlebnisse und Erfahrungen von Ausgetauschten, die gerade für Eltern und andere Beteiligte interessant sind. Zwischen den Zeilen enthält es damit weitere Hinweise und Anleitung, die helfen, das eigene Kind in der Zeit der Rückkehr zu verstehen und liebevoll zu unterstützen.

Dieses Buch, in dem es zu Beginn um das Ende des Austauschjahres geht, soll gleichzeitig auch ein Begleiter durch die schwierige Zeit der Wiederanpassung an die alte Heimat und ein Wegweiser sein für das, was danach kommt. Wir wollen zeigen, dass die Rückkehr – das vermeintliche Ende des Austauschjahres – eigentlich ein Anfang ist: der Anfang einer lebenslangen Erfahrung, deren Fundament du als Austauschschüler gerade gelegt hast.

Wir, die Autoren dieses Buches, sind abgesehen von zahlreichen Reisen insgesamt sechs Mal nach langen Auslandsaufenthalten zurückgekehrt. Man könnte also behaupten, wir seien erfahrene Rückkehrer. Aber jedes Mal war die Rückkehr anders: mal freudig erwartet, mal bis zum Durchschreiten der Passkontrolle verdrängt, mal von Herzklopfen begleitet, mal mit dem traurigen Gefühl, dass ein schönes Kapitel im Leben zu Ende geht. Aber jedes Mal hat es uns wieder überrumpelt – das Gefühl, zurück zu Hause zu sein – und gleichzeitig auch an einen anderen Ort zu gehören. Deshalb nützt manchmal auch Erfahrung wenig. Beim ersten Mal war die Rückkehr spannend. Und dann wieder fiel sie uns so schwer, dass wir beschlossen haben, dieses Buch zu schreiben!

1.
VORBEREITUNG AUF DIE RÜCKKEHR

1.1 Ein Blick zurück

Heimkehren ist schwierig. Zumindest, wenn es einem gut ging in der Fremde. Vor allem aber nach einem Austauschjahr, in dem man nicht nur neue Freunde, sondern insbesondere eine Familie dazu gewonnen hat. Ich erinnere mich zum Beispiel noch genau an den ersten Tag mit meiner Gastfamilie. *Alles* war neu. Noch musste ich nicht im Garten mithelfen und versuchte standhaft, einen guten Eindruck zu wahren und mein Zimmer entgegen meinen sonstigen Gewohnheiten aufgeräumt zu halten.

Nun, das änderte sich schnell. Bald verbrachte ich jeden zweiten Samstag hinter dem Haus bei der Gartenarbeit und meine Gasteltern begannen, immer erst nachzuschauen, ob meine Zimmertür vielleicht doch besser geschlossen werden sollte, bevor Besuch kam. Ich erinnere mich an lange Gespräche, Geldsorgen, die Krankheit meiner „Mom", ihre Vorliebe für Kaffee und die Freude in ihrem Gesicht, wenn eines ihrer Kinder mal wieder auf einen Besuch vorbeikam.

Das klingt nach Alltag und das war es auch. Es war *unser* Alltag. Und es war ein Alltag, den ich mir zwei Jahre vorher nicht hätte erträumen können, und wenn doch, dann ganz anders. Elf Monate später kehrte ich zurück in einen anderen Alltag. In meinem Austauschjahr ist aus mir ein Mensch geworden, der in zwei Welten leben kann, dies auch gern möchte und bei Gelegenheit praktiziert. In beiden Welten habe ich Freunde und Familie. Zu beiden zieht es mich hin, von keiner möchte ich fort. Ich gehöre in beide.

Bestimmt sind wir nicht die Einzigen, denen es so geht. Der eine oder andere fühlt sicher ebenso. Uns zumindest haben viele ehemalige Austauschschüler Ähnliches berichtet. Viele zieht es immer wieder zurück in ihr Gastland, um ihre Familie für einen Sommer oder auch nur für zwei Wochen zu besuchen. Sie schreiben sich Briefe, E-Mails oder telefonieren regelmäßig. Sie wissen und fühlen, dass sie auch immer noch zu dieser, ihrer zweiten Heimat, gehören.

Woran aber merkt man, ob man dazugehört? Eigentlich eine merkwürdige Frage, nicht wahr? Lange hat es gedauert, fast ein Jahr. Einige Veränderungen an dir hast du bewusst erlebt und wahrgenommen. Andere sind so langsam vonstatten gegangen, dass sie dir vielleicht noch gar nicht aufgefallen sind. Wir haben ehemalige Austauschschüler gefragt, woran sie erkannt haben, dass sie dazugehörten. Dabei sind wir auf einige verbreitete „Symptome" des Dazugehörens gestoßen.

Ich selbst – Mein Verhalten

- Ich träume in der neuen Sprache.
- Es ist schwierig, Deutsch zu sprechen.
- Ich mache im Alltag automatisch das Richtige, ohne groß nachzudenken.
- Ich verstehe 90% aller Witze in meinem Gastland beim ersten Mal.
- Ich greife selbstverständlich zum Telefonhörer, wenn es klingelt. Telefonieren in der neuen Sprache ist für mich kein Problem.
- Ich kann mit anderen über komplizierte Dinge, wie zum Beispiel Gefühle oder Obstanbau, sprechen.
- Für fast jeden Begriff in meiner neuen Zweitsprache fällt mir ein Synonym ein.

Ich selbst – Vorlieben und Gefühle

- Ich mag die Mode meiner Gastumgebung.
- Ich höre/vermisse die Musik meiner Gastumgebung.
- Ich habe mich komisch gefühlt, als ich das erste Mal wieder Deutsch hörte und sprach.
- Ich drücke der Mannschaft meines Gastlandes beide Daumen, sogar wenn sie gegen eine Mannschaft meines Heimatlandes spielt.

Vertrauen

- Es gibt Menschen in meinem Gastland, mit denen ich mich über Sorgen, Liebe, Religion und andere Themen, die mir wichtig sind, unterhalten kann und die mich verstehen.
- Ich merke, wenn es jemandem in meiner Gastfamilie gut oder schlecht geht und weiß, ihm zu helfen.

- Menschen in meinem Gastland kommen mit ihren persönlichen Problemen zu mir.

Schule

- Meine Mitschüler behandeln mich wie einen normalen Klassenkameraden.
- Ich kann ohne Schwierigkeiten einen Schulaufsatz zu einem beliebigen Thema aus meiner Lebens- und Schulwelt schreiben.
- Von den Lehrern werde ich genauso behandelt und benotet wie ein Schüler meines Gastlandes. Sie nehmen keine besondere Rücksicht mehr auf mich.

Glaube & Moral

- Ich gehe in die Kirche meiner Gastfamilie und verhalte mich immer richtig, ohne groß aufzufallen.
- Ich habe mir über wichtige Gemeinsamkeiten und Unterschiede zwischen meinem Glauben und dem meiner Gastfamilie Gedanken gemacht (und kann aus dem Stegreif jeweils drei nennen).
- Ich kann fast jede Situation mit den Augen meiner Gastfamilie und ihren Moralvorstellungen sehen.

Nun, natürlich sind das keine Checklisten, die abgearbeitet werden müssen, schon allein deshalb nicht, weil sie nicht vollständig sind. Aber es sind verbreitete „Symptome“, die von vielen Austauschschülern genannt werden. Vielleicht kommen dir einige der Punkte bekannt vor? Wenn ja, dann liegt die Vermutung nahe, dass auch dein Austauschjahr ein Erfolg war. Du hast dich verändert und bist zu einem Teil deiner Gastumgebung geworden. Und jetzt kehrst du zurück. Was wird dich erwarten?

Wie ein merkwürdiger Traum

Im Flugzeug
Noch fünf Stunden bis zur Ankunft in Frankfurt. Die Frau neben Anja hat sich die Augen zugedeckt, um ein wenig zu schlafen. Schon zweimal ist ihr der Kopf auf die Schulter gefallen. In den Reihen vor ihnen lärmt eine Schülergruppe, die gerade von einer zweiwöchigen Sprachreise in Montevideo zurückkehrt. Nun plappern sie pausenlos, schauen Filme an oder hören Musik mit Kopfhörern. Auch Anja hatte zuerst versucht, einen Film zu sehen. Sie erinnerte sich an den Hinflug, als sie mühsam versuchte, den Film auf Spanisch zu sehen und dann doch wieder zur deutschen Synchronisation wechseln musste, um dem Geschehen folgen zu können.

Doch heute ist das anders. Diesmal hatte sie sich bewusst für Deutsch entschieden. Sie hatte sich bewusst auf ihre Rückkehr einstimmen wollen. Doch ihre Muttersprache kam ihr sonderbar vor. Es war ihr unangenehm, sie zu hören oder gar zu sprechen. Mit der Stewardess unterhielt sie sich nur auf Spanisch und im Stillen war sie sogar stolz darauf, dies im Gegensatz zu den Jugendlichen in den Reihen vor ihr zu können. Diese machten nur andauernd dumme Witze über Uruguay, wohl in der Annahme, dass die Leute um sie herum nichts davon verstehen würden.

Anja schämte sich für das, was sie sagten. Sie hatten offenbar überhaupt nichts vom südamerikanischen Leben begriffen. Nicht, dass es besondere Gemeinheiten waren, die sie sagten. Nein. Aber ihr selbst kam alles irgendwie dumm und unreif vor. Am liebsten wäre sie aufgestanden und hätte sie aufgefordert, endlich ruhig zu sein. Es war ihr unerträglich, wie sie über die Menschen Witze machten, mit denen sie ein Jahr lang zusammen gelebt hatte.

Im Flughafen
Eine Traube von Eltern wartet nervös in der großen Empfangshalle des Flughafens. Auch Anjas Eltern sind darunter. Wie gebannt starren sie auf die sich immer wieder automatisch öffnende Tür, durch die sich gleich die Passagiere von Anjas Flug ihren Weg bahnen werden. Heute morgen waren sie zeitig aufgestanden, nur um rechtzeitig diesen Moment miterleben zu können. Vier Stunden waren sie unterwegs.

Immer mehr Leute strömen durch das Tor in die Halle hinein. Und da sehen sie ihre Tochter, wie sie zögerlich ihren Gepäckwagen durch die große Tür schiebt. Da ist sie, endlich, denkt ihr Vater. Viel Gepäck hat sie dabei. Ihrer Mutter hingegen schießen ganz andere Gedanken durch den Kopf. Was sie da bloß an hat? Für Bluse und Rock war ihre Tochter doch noch nie zu begeistern. Sie konnte nicht wissen, dass Anja sie extra für diesen besonderen Moment angezogen hat.

„Anja!", ruft sie und schließt ihre Tochter in die Arme. Ihre Tochter lässt es geschehen, „Mutti". Anjas Arme hängen ihr etwas steif an der Seite hinunter. Dabei sollte sie sich doch jetzt freuen. Müde fühlt sie sich. Von Wiedersehensfreude ist wenig zu spüren. Ihr Vater ist enttäuscht. „Bist du gut angekommen?", fragt er etwas unbeholfen. Anja bejaht und weiß doch nicht so recht, was sie sagen soll. Früher redete sie wie ein Wasserfall, erinnert sich ihre Mutter. Und jetzt? Sie selbst weiß nicht, was sie sagen soll. So viele Fragen,

wichtige Fragen. Jedoch nur Belangloses kommt ihr über die Lippen. „Du bist sicher müde, komm, das Auto wartet draußen."

Plötzlich zieht ihr Vater noch einen Blumenstrauß hinter seinem Rücken hervor, den er fast vergessen hätte. „Hier, die sind für dich, emm, von uns." Anja lächelt kurz und hält den Strauß in den Händen. Ihr Vater wendet sich schon wieder dem Gepäck zu. „Ja, dann wollen wir mal. Sind die Taschen schwer?" Ohne abzuwarten greift Anja nach einem Koffer und murmelt: „No te preoc …," sie hält kurz inne. „Emm, nein." Vergeblich versucht sie, den Strauß zwischen all den Gepäckstücken zu verstauen. Sie möchte jetzt nur weg von hier, weg von diesem Ort. Erst jetzt betrachtet Anjas Mutter die neue Frisur ihrer Tochter, die ihr schon auf den Fotos aufgefallen war. Aus dem burschikosen Kurzhaarschnitt ist eine frauliche Langhaarfrisur geworden, die ihr gefällt.

Zuhause
Im Auto hatten sie sich nur wenig unterhalten. Anja hatte auf der Rückbank gesessen und so getan, als ob sie schliefe. Ihre Eltern saßen vorn, in ihre eigenen Gedanken versunken. Wenn ihre Eltern nicht schauten, sah sie durch das Fenster hinaus. Wie anders hier alles aussah. Ob sie sich hier wieder wohl fühlen würde? Der Abschied von ihrer Gastfamilie war ihr schwer gefallen. Sie hatte geweint. Und jetzt war sie hier, Tausende von Kilometern entfernt.

Sie schließen die Haustür auf. Drinnen klappert es. Oma wartet bereits mit Anjas Lieblingskuchen. Von allen Seiten stürmt es auf Anja ein, „Na, wie war es?", „Erzähl mal!", „Soll ich dir beim Auspacken helfen?" Anja verteilt Geschenke, erzählt ein wenig und ist froh, zeitig ins Bett gehen zu können, um ihr Jetlag auszuschlafen.

Für morgen hat ihre Mutter Anjas beste Freundin zum Frühstück eingeladen. Und am Abend hat sich ihre alte Klasse angesagt. Anja guckt auf ihre Uhr, auf der es noch immer fünf Stunden früher ist. Was werden sie jetzt wohl in Montevideo machen?

Anja kommt sich vor wie in einem merkwürdigen Traum, aus dem sie hoffentlich bald erwachen wird.

1.2 Warum das Zurückkehren schwierig ist

Eigentlich könnte alles so einfach sein. Wer freut sich nicht, nach einer längeren Reise nach Hause zu kommen, sich auszuruhen, neue Kraft zu schöpfen. Aber so einfach ist es nach einem Austauschjahr nicht. Ein Mensch, der aus einem erfolgreichen Austauschjahr zurückkommt, hat nicht nur dazugelernt, sondern sich auch verändert. Er kehrt heim mit neuen Gewohnheiten und Vorlieben, hat Beziehungen aufgebaut und neue Freundschaften mit Menschen geschlossen, die er vor einem Jahr noch nicht einmal kannte. Er hat sich weiterentwickelt und gelernt, die Welt mit anderen Augen zu sehen. Ein Austauschschüler kehrt nicht als Reisender heim, sondern als Mitglied einer neuen Kultur und einer anderen Familie. Er ist ein Anderer geworden.

Hat dieser Heimkehrer in seiner alten Welt noch einen Platz? Oder ist da nur Platz für die Person, die er vor dem Austauschjahr einmal war? Werden Familie und Freunde den veränderten Heimkehrer genauso mögen, akzeptieren und schätzen wie den abenteuerlustigen Austauschschüler von damals? Oder werden sie ungläubig die Köpfe schütteln und die Nase rümpfen, wenn sie bemerken, dass mit ihm neue Ideen, neue Verhaltensweisen und Gewohnheiten in ihr Leben einziehen?

Und mehr noch: Wird dem Heimkehrer seine alte Welt genügen? Wird sie ihm ausreichend Freiraum lassen, ohne ihn einzusperren? Wird er sich wieder auf das gewohnte Leben einlassen können, ohne überheblich zu sein und alles zu kritisieren? Auf diese Fragen gibt es keine einfachen Antworten. Aber eines gilt für jeden Austauschschüler: Die Rückkehr ist ein wichtiger Teil der Austauscherfahrung.

Eigentlich handelt es sich bei der Rückkehr aus dem Austauschjahr um einen Verlust- und Veränderungsprozess, den viele Menschen in unterschiedlichsten Formen und Ausprägungen immer wieder erleben. Vielleicht sind auch dir damit einhergehende Gefühle aus ähnlichen Erfahrungen bekannt: der Umzug in eine andere Stadt und die Trennung von alten Schulfreunden, das Ende einer Liebesbeziehung oder der Tod einer nahe stehenden Person. Nicht zuletzt fällt auch die Trennung von Eltern und Freunden vor dem Austauschjahr nicht jedem Austauschschüler leicht. Bei jeder dieser Veränderungen muss man Vertrautes aufgeben und zurücklassen und kann sich verlassen, allein und unverstanden fühlen. Wenn du dir bewusst machst, dass das Phänomen der Rückkehr aus dem Austausch ein ähnliches Erlebnis ist, ist die Rückkehr vielleicht schon nicht mehr ganz so fremd.

Wie auch andere tief greifende Veränderungsprozesse im Leben braucht die Rückkehr und gegenseitige Wiederanpassung Zeit. Für viele Rückkehrer, vor allem aber ihre Eltern und Freunde, ist das ein ungewohnter Gedanke, denn schließlich kehren Austauschschüler doch in eine Welt zurück, die sie sehr gut kennen, deren Sprache sie sprechen und deren kulturelle Regeln sie eigentlich beherrschen müssten.

Während sich die meisten Austauschschüler bei der Ankunft im Gastland noch bewusst waren, dass die Anpassung an die fremde Kultur eine Weile dauern wird und schwierig sein kann, scheinen viele dies bei der Rückkehr in die Heimat zu vergessen. Schließlich betreten sie ja bekanntes Terrain, so möchte man meinen. Sobald man sich jedoch vor Augen führt, dass man sich in diesem einen Jahr in einer anderen Kultur verändert hat, wird auch deutlich, dass man nicht gleich wieder „zu Hause" sein wird. Schon mit dieser Einsicht wird man die Rückkehr als etwas weniger schwierig empfinden. Das gilt insbesondere auch für Familie, Freunde und Bekannte, die das Verhalten des Rückkehrers manchmal als seltsam, gelegentlich auch als befremdlich und mitunter sogar als verletzend empfinden werden.

Tagebuch *von Anke Müller*

31. Mai 2000, Mittwochabend, 21.00 Uhr, Omaha, Nebr., USA

Bald werde ich meine Familie das erste Mal nach 10 Monaten wieder sehen. Ich weiß nicht recht, was in mir vorgeht. Vor allem freue ich mich. Ich freue mich darauf, ihnen zu erzählen und zu zeigen, wo und wie ich mein Jahr verbracht habe. Aber ich bin auch nervös, sehr nervös. Nervös, weil ich nicht weiß, wie sie reagieren werden. Wird es ihnen gefallen? Werden sie meine Gefühle verstehen? Werden sie mich verstehen? Das ist die erste Gelegenheit, uns an die Veränderungen des Anderen zu gewöhnen.

Ich denke, ich bin vernünftiger geworden, weltoffener, kein durchschnittlicher Teenager mehr. Vielleicht klingt es merkwürdig, aber ich habe ein paar große Schritte auf dem Weg zum Erwachsenwerden getan. Ob sich meine Eltern dessen bewusst sind, weiß ich nicht. Mir selbst ist es noch nicht einmal richtig klar. Oder glauben sie, das Mädchen zu sehen, das sie vor zehn Monaten auf dem Flughafen in Berlin verabschiedet haben?

Noch bleiben mir fast sechs Wochen meines Austauschjahres. Die Schule ist jetzt seit gut einer Woche vorbei. Das ist ein komisches Gefühl. Ich habe wohl noch immer nicht ganz begriffen, dass ich die meisten Leute nie wieder sehen werde. Vielleicht nie wieder in meinem Leben. Ich war sehr traurig, als ich aus dem Schulgebäude ging, habe jeden letzten Eindruck aufgesaugt wie ein Schwamm: Mittagessen in der Cafeteria, das letzte Mal normaler Unterricht, Abschlussprüfungen, Verabschiedungen von hilfsbereiten Lehrern und neuen Freunden. Auch wenn alle versprechen, in Kontakt zu bleiben, wusste ich, dass ich einige von ihnen wohl das letzte Mal umarmt habe. Ich sah sie das letzte Mal lächeln, hörte ihre Stimmen das letzte Mal in meinen Ohren.

Viele haben mich gefragt, wie ich über meine baldige Rückkehr denke. Ob ich mich wirklich freue. Komischerweise kann ich keine klare Antwort geben. Klar freue ich mich etwas zurückzukehren. Wie sehr? Keine Ahnung. Ich freue mich darauf, meine Familie, meine Freunde, unser Haus, meine Stadt zu sehen, wieder mein eigenes Leben zu führen. Aber wie wird es mir ergehen? Werden mir die gleichen Dinge wie früher gefallen? Werden meine Freunde mich noch mögen?

Meine Familie wird sich sicher früher oder später wieder an mich gewöhnen. Schließlich haben sie erlebt, wie ich groß geworden bin und mich über die Jahre verändert habe. Außerdem standen wir während des Jahres in ziemlich engem Kontakt. Sie konnten mein Leben hier etwas mitverfolgen. Sicher bin ich nervös, aber auch ziemlich zuversichtlich. Was meine Freunde betrifft, ist dies anders. Leider hatte ich in den vergangenen Monaten wenig Kontakt mit einigen von ihnen. Ich fürchte, selbst meine engsten Freunde werden sich nicht vorstellen können, wie sehr ich mich verändert habe. Wie auch, wenn ich mir dessen noch nicht einmal selbst bewusst bin. Glauben sie, ich werde die Alte sein? Wohl kaum. Was werden sie von einigen meiner neuen Ansichten und Meinungen halten? Ich habe heute seit längerem wieder einmal mit meinem Freund in Deutschland telefoniert. Ich bin mir nicht sicher, ob er etwas mit meinen Erfahrungen anfangen kann. Meine Eltern bestimmt, da bin ich mir sicher, zumindest in gewissem Maße. Aber bei ihm habe ich meine Zweifel. Einige Dinge versteht er überhaupt nicht. Ich bin mir nicht sicher, ob er wirklich nicht begreifen kann, wie wichtig sie mir sind, oder ob er es einfach nicht begreifen will. Es wird viel mehr Mühe kosten, die Beziehung zu ihm wieder aufzubauen als zu meinen Eltern. Aber ist ihm das klar?

Wie viel von dem, was mir hier gefällt, wird mir auch noch in Deutschland gefallen? Gibt es etwas, an das ich mich unbewusst sehr gewöhnt habe? Bestimmte Gewohnheiten, Regeln, Wertvorstellungen? Da ich nicht genau weiß, was mich erwartet, fällt es mir umso schwerer, alles hier zurückzulassen. Ich passe hier so gut hinein, habe neue Freunde gefunden, eine tolle Familie, die Schule macht Spaß. Ich habe soviel gemacht und erlebt und jetzt soll ich das alles aufgeben? Ich kann nicht glauben, dass ich schon zehn Monate hier bin. Einerseits habe ich das Gefühl, mich erst vor zwei Wochen von meinen Eltern verabschiedet zu haben. Aber andererseits kommt es mir vor, als hätte ich schon immer hier gelebt.

Die nächsten Wochen werden schwer, vor allem sich von allen zu verabschieden. Ich mag Abschiede nicht. Eigentlich bin ich nicht so ein Sensibelchen, aber wenn ich mich von jemandem verabschieden soll, bin ich scheinbar eine andere Person. In den letzten Wochen habe ich immer öfter über den Abschied nachgedacht. Noch bleiben mir fast zwei Monate, aber die Zeit rast dahin. Ich hätte niemals gedacht, dass dieses Jahr so schnell vergeht. Fast zu schnell. Zwei Wochen werde ich mit einer Austauschschülergruppe reisen: letzte neue Freunde und viele neue Eindrücke. Wenn ich zurückkomme, habe ich noch zwei Wochen hier: Wie werde ich diese Zeit verbringen? Ich weiß es nicht. Wenn ich könnte, würde ich meine Freunde um mich versammeln und wir würden die ganze Zeit das tun, was uns das ganze Jahr über Spaß gemacht hat. Ich plane eine Abschiedsparty. Ein paar Tage bevor ich abfliege. Beim letzten Austauschschülertreffen hat man uns gesagt, wir sollten keine Freunde mit zum Flughafen nehmen, diese Zeit sollte für die Gastfamilie reserviert sein. Also muss ich mich von meinen Freunden vorher verabschieden. Hilfe, ich wette, ich werde heulen wie ein Schlosshund. Ich werde sie furchtbar vermissen. Die meisten von ihnen gehen aufs College, werden neue Freunde finden. Werden sie sich an mich erinnern, auch wenn ich so weit weg bin?

Und wie soll ich mich von meiner Gastfamilie verabschieden? Wie kann ich ihnen zeigen, wie sehr ich zu schätzen weiß, was sie für mich getan haben? Ich werde niemals genug Worte finden, um meine Gefühle auszudrücken. Nichts, was ich kaufen könnte, würde nur annähernd dem Wert entsprechen. Es war nicht immer einfach, aber es ist ihnen wirklich gelungen, mir das Gefühl zu geben, Teil ihrer Familie zu sein. Werden wir in Kontakt bleiben, so wie mit meinen Eltern in Deutschland? Werden sie mich vielleicht eines Tages besuchen? War es für sie eine schöne Erfahrung?

So viele Fragen schwirren mir durch den Kopf. Fragen, die wahrscheinlich nur die Zeit beantworten kann. Auch wenn ich den Eindruck habe, die Zeit verginge so schnell, zu schnell, so scheine ich doch nicht schnell genug Antworten auf diese Fragen zu finden. Ich wünschte, ich könnte das Rad der Zeit zurückdrehen und wieder in Deutschland beim Kofferpacken sitzen, voller Erwartung und Vorfreude. Doch langsam aber sicher ist das Jahr vorüber. Bald bin ich eine von vielen ehemaligen Austauschschülerinnen. Das ist ein schrecklich-schöner Gedanke.

1.3 Rückkehr schrittweise

Auf den ersten Seiten dieses Buches haben wir dir einen Eindruck vermittelt, warum das Zurückkehren schwierig sein kann. Natürlich gibt es Austauschschüler, für die diese Zeit des Austausches an sich wenig problematisch ist, aber von Flugzeugen, die landen, berichtet niemand. Deshalb stellen wir hier erst kurz und in den folgenden Kapiteln ausführlich dar, wie du eine Bruchlandung vermeiden und stattdessen wieder weich in deinem alten Zuhause landen kannst:

Tiefgreifende Veränderungen, so wie es der Abschied aus deinem Austauschjahr und die Rückkehr in deine alte Heimat sind, unterteilen wir in fünf Abschnitte:

1. Abschied
2. Ankunft
3. Rückkehrbegeisterung
4. Niemandsland
5. Wiederanpassung

Diese fünf Phasen sind unterschiedlich lang und müssen nicht zwangsläufig und mit der gleichen Intensität auftreten. Manchen fällt der Abschied nicht sehr schwer. Andere wiederum sind alles andere als begeistert von der bevorstehenden Rückkehr. Nicht wenige Austauschschüler erleben nach einer kurzen Rückkehreuphorie auch eine Art „Rückkehrkulturschock". Die Begeisterung aus der Zeit kurz nach der Rückankunft kann aber auch unerwartet mitten auf dem Weg durchs Niemandsland wieder aufflackern. Oder ein erneuter Abschiedsschmerz überrascht dich, während du schon das Gefühl hast, längst wieder im Heimatland „angekommen" zu sein. Egal wie sich Rückkehr und Wiederanpassung gestalten, jeder erlebt Elemente dieser Phasen in einer ganz persönlichen Art und Weise. Die fünf Abschnitte gehen meist allmählich ineinander über. Nach und nach fühlst du dich immer wohler zu Hause und eines Tages liegt dein Zuhause nicht mehr (nur) in der Ferne, sondern du wirst zwei Orte in der Welt haben, die du „Zuhause" nennen kannst. Da wir aber nicht jeden Austauschschüler und jede Familie einzeln betrachten können, dienen uns die oben genannten Phasen der Rückkehr als roter Faden. Im Folgenden beschreiben wir kurz, was dich in diesem Buch und –

wenn du gerade zurückkehrst – in den nächsten Tagen, Wochen und Monaten erwarten kann.

Abschied

Streng genommen beginnt die Rückkehr erst, wenn du aus dem Flugzeug steigst oder die Grenze passierst. Die damit verbundenen Gedanken, Gefühle und Vorbereitungen treten jedoch schon lange vorher in dein Leben ein. Es gibt keine Möglichkeit, dem Thema „Rückkehr" zu entgehen. Du erhältst E-Mails und Briefe von zu Hause, wo man dich bereits ungeduldig erwartet oder du wirst von Freunden gefragt, ob du dich denn schon auf zu Hause freust. Die meisten Leute erwarten dann eine enthusiastische Bejahung, die du vielleicht mit einem unbestimmten, ambivalenten Gemurmel beantworten wirst. „Na ja, klar, eigentlich schon, aber ..." Du beginnst darüber nachzudenken, wie es denn wohl sein wird – wieder zu Hause. Was hat sich verändert, was nicht? Mancher freut sich schon auf Omas selbstgebackenen Kirschkuchen und macht neue Pläne für die Zukunft, während ein anderer jeden Gedanken an die baldige Rückkehr so gut es geht verdrängt. Der Koffer auf dem Schrank oder unter dem Bett wird gelegentlich mit einem feindlichen Blick gestraft oder ganz aus dem Sichtfeld verbannt.

Die Wochen und Tage vor der Rückreise sind ein bittersüßer Cocktail aus Vorfreude und Abschiedsschmerz. Es ist die Zeit der letzten Male. Noch einmal mit der besten Freundin ins Lieblingscafé, noch einmal deine Trainingsstrecke joggen und ein letztes Mal ... Du musst deine Abschiedsparty organisieren, obwohl du eigentlich gar nicht weißt, was es zu feiern gibt. Letzte Besorgungen sind zu machen, um sich mit all den Dingen einzudecken, die du bald vermissen wirst, und um noch ein paar Geschenke für die Lieben zu Hause zu besorgen. Schließlich kommt die Zeit der Verabschiedungen: von freundlich-höflich mit nicht zu leugnenden Gefühlen der Erleichterung bis hin zu tränenreichen Abschiedsszenen, die „Casablanca" alle Ehre machen. Denn wer weiß, ob man manche lieb gewordenen Menschen je wieder sehen wird.

Ankunft

Die Ankunft ist eng verknüpft mit dem Moment des Wiedersehens der eigenen Familie nach langer Zeit. Deine Eltern und du haben sich verändert, doch kennt ihr die Veränderungen des Anderen noch nicht. Deshalb ist das Wiedersehen auf dem Flughafen oder am Bahnhof und während der ersten Tage gleichzeitig auch ein kleines erstes Kennenlernen, die erste Begegnung mit dem heimgekehrten Kind und den daheimgebliebenenen Eltern. Oft liegen bei dieser ersten Begegnung Wiedersehensfreude, Abschiedsschmerz und Unsicherheit sehr nah zusammen.

Rückkehrbegeisterung – wie Flitterwochen zu Hause

Die ersten Stunden und Tage zu Hause erleben die meisten Rückkehrer wie im Rausch. Endlich Familie und Freunde wieder sehen, endlich den Freund oder die Freundin wieder im Arm halten, die man so lange vermisst hat. Endlich wieder Schwarzbrot und Pflaumenmus. Du wirst herumgereicht wie eine Attraktion, kannst und sollst erzählen von den Erlebnissen in der Fremde, und du genießt es, im Mittelpunkt zu stehen. Du bist auf Entdeckungsreise in der Heimat, nimmst die eigene Stadt wieder in Besitz, erfreust dich an auffälligen Kulturunterschieden und wirst auf erste Veränderungen bei dir aufmerksam, die dir noch gar nicht aufgefallen sind. Das Leben ist wie ein fabelhafter Urlaub zu Hause, wenn es doch nur ein Flugticket zurück gäbe … und wäre da nicht die erschlagende Müdigkeit und das beunruhigende Gefühl, irgendwann die Koffer endgültig auspacken zu müssen.

Niemandsland

Wenn du dir im Durcheinander der ersten Tage und Wochen endlich eine Verschnaufpause gönnst, setzt er oft ein – der Rückkehrkulturschock. Familie, Freunde und Bekannte haben sich schnell wieder an deine Anwesenheit gewöhnt, der Alltag geht weiter, aber du bist längst noch nicht wieder „angekommen", auch wenn die Umwelt dies von dir erwartet. Schließlich bist du doch endlich wieder „zu Hause"!

Plötzlich fällt dir all das auf, was dich an deinem alten Zuhause schon immer gestört hat: Vielleicht ist es die übertriebene Autoritätshörigkeit der Mitmenschen. Alles ist reglementiert, die Geschäfte sind vielleicht gerade dann geschlossen, wenn du Lust zum Einkaufen hast. Im Kaufhaus wird man unfreundlich angefaucht, wenn man bedient werden möchte und überhaupt ist das Essen furchtbar langweilig. An jeder Ecke nur Dönerbuden. Kein Mensch weiß, was Iced Latte ist. Keiner trinkt einen Mate oder Chicha mit dir. Essengehen kostet ein Vermögen, und außerdem regnet es immerzu. Wie soll man hier wieder leben, wenn man ein Stück vom Paradies gesehen hat!?

In dieser Phase der Rückkehr idealisieren viele Austauschschüler ihr Gastland, das zu einem vagen Bild eines nicht existierenden Schlaraffenlandes verschwimmt, an dem es nichts auszusetzen gibt. Im Vergleich zum Gastland schneidet das eigene Heimatland in vieler Hinsicht miserabel ab. Weltoffene, tolerante Weltenwanderer verlieren plötzlich den objektiven Blick für die Realität und kritisieren die eigene Gesellschaft scharf. „Übertriebenes materielles Streben", „oberflächliche Schnelllebigkeit" oder eine „frappierende Direktheit" werden an den Pranger gestellt. Dabei hast du dich vielleicht noch bis vor kurzem am „fehlenden Ehrgeiz", an der „Trägheit" oder einer „oberflächlichen Scheinfreundlichkeit" der Menschen in deinem Gastland gestoßen.

Typisch für diese Phase der Rückkehr ist die Tatsache, dass der Zurückgekehrte sich meist jetzt erst im direkten Vergleich mit der eigenen Kultur der Veränderungen bewusst wird, die mit dem Austauschjahr einhergegangen sind. Rückkehrer sind Kulturmischlinge, die kulturell zwischen zwei Stühlen sitzen, jedoch mit diesem Gefühl und dieser Erkenntnis noch nicht umgehen können. Viele fühlen sich mit ihren Erfahrungen allein, unverstanden, ausgegrenzt. Sie sind unglücklich und enttäuscht, weil sich die Erwartungen an die Heimat nicht erfüllt haben.

In vielen Rückkehrern kommen in dieser Zeit Zweifel auf, warum sie überhaupt zurückgekehrt sind. Sie fragen sich, ob sie nicht schleunigst wieder ihre Koffer packen sollten. Andere fühlen sich angesichts der Anforderungen, die das Leben in der alten Heimat an sie stellt, überfordert. Sie sind müde, krankheitsanfällig und launenhaft, weil die Bewältigung des Alltags mehr Energie kostet als sonst. Manche flüchten vor der Umwelt oder ziehen sich in ihre Privatsphäre zurück. Zahlreiche Rückkehrer leisten Widerstand gegen die Wiederanpassung, denn sich wieder an die eigene Kultur anzupassen, bedeutet für sie zunächst Kapitulation, ein Stück der neuen Identität und des neuen Lebens aufzugeben.

Dazu kommt manchmal auch ein Schuss Angst. Vielleicht kennst du das und befürchtest, die neuen Sprach- und Kulturkenntnisse zu verlieren oder hast Angst davor, es könnte alles wieder so werden wie früher. Vielleicht befürchtest du auch, wieder in alte Gewohnheiten zu verfallen, von denen du dich während deines Austauschjahres verabschiedet hast. Vielleicht möchtest du nur festhalten an einem Leben, an das du dich gewöhnt und an dem du Gefallen gefunden hast. Wenn du wieder zu Hause bist, gibt es dieses Leben nicht mehr. Zuhause bist du kein Austauschschüler mehr!

Das während des Austauschjahres neu gewonnene Lebensgefühl aufzugeben, ist für viele ein schwerer Schritt. Er fällt leichter, wenn du begreifst, dass du zwar nicht an allem festhalten kannst, dir die Erfahrung des Austausches aber nie mehr genommen werden kann. Das ist die gute Nachricht.

Wiederanpassung

Der Weg durchs Niemandsland ist unterschiedlich lang. Einige Austauschschüler erleben diese Zeit eher unbewusst, andere setzen sich bewusst mit diesem Abschnitt der Rückkehr auseinander, mitunter sehr lange. Vergangenheits- und Zukunftsträumereien weichen jedoch irgendwann den Anforderungen der Gegenwart. Gast- und Heimatland rücken wieder in eine objektivere Perspektive. Im anderen Land ist längst nicht mehr alles Gold, was glänzt, und die alte Heimat hat plötzlich auch wieder ihre Vorzüge – vielleicht jedoch andere als vor deiner Abreise. Allmählich fühlst du dich wieder zu Hause, Routine kehrt in den Alltag zurück. Du fährst, ohne groß darüber nachzudenken, wieder auf der rechten Straßenseite Fahrrad, läufst zu Fuß zum nächsten Briefkasten, statt das Auto zu benutzen, erwartest, dass öffentliche Verkehrsmittel pünktlich fahren und grüßt die ältere Dame von nebenan mit einem höflichen „Guten Tag" statt einem lockeren „Hi". Wenn du wieder regelmäßig in der eigenen Muttersprache träumst, kannst du davon ausgehen, dass du wieder „angekommen" bist.

„Die Austauscherfahrung kann dir keiner nehmen."

Das wichtigste Ergebnis der Wiederanpassung, die auch durchaus länger als ein halbes Jahr dauern kann, ist die Erkenntnis, dass die Wiederanpassung an die Heimat ohne Verlust der Auslandserfahrung möglich ist. Am Anfang mag das eine schwierige Einsicht sein, denn schon bald wirst du länger im Gedächtnis nach der einen oder anderen Vokabel suchen und auch ein leichter Akzent schleicht sich wieder in dein Französisch oder Englisch ein. Hast du vielleicht schon mit Entsetzen bemerkt, dass dir der Name von manchem Bekannten, einer Straße oder einem Geschäft im Gastland nicht mehr einfällt? Aber die Austauscherfahrung an sich – das Leben anderer Menschen aus ihrer eigenen Perspektive gelebt zu haben – bleibt. Jetzt hast du die einmalige Chance, diese Erfahrung in dein weiteres Leben zu integrieren. Manchen Ausgetauschten gelingt dies mehr, anderen weniger.

Mit diesem roten Faden im Hinterkopf – vom Abschied über die Ankunft, die Rückkehrbegeisterung, das Niemandsland bis zur Wiederanpassung an deine alte Umgebung – wenden wir uns nun dem ersten großen Abschnitt deiner Rückkehr zu, dem Abschied von deiner neuen Heimat.

Viola wieder daheim *von Petra Aurich*

Nun sind es bald fünf Wochen, dass Viola aus den USA zurück ist. Viel haben wir sie in dieser Zeit nicht gesehen, da sie sofort mit ihren Freundinnen an die Ostsee fuhr. Es war eine vertraute Situation: Viola (weit) weg, die Familie allein zu Haus. Allerdings rief sie diesmal am Wochenende nicht an, sondern tauchte persönlich auf, jedoch nur, um kurz darauf wieder zu einer Freundin zu verschwinden. Ganz so hatte ich mir die Rückkehr und das Wiedermiteinanderleben nicht vorgestellt.

Am Tag ihrer Ankunft waren alle fröhlich, aufgeregt und gespannt gewesen. Viele Freunde und die Familie hatten sich am Flughafen versammelt um Viola mit selbst gemalten Plakaten und Konfetti in Empfang zu nehmen. Aber auch ein mulmiges Gefühl war mit dabei: Wie würden wir sie erleben? Wie und überhaupt hatte sie sich verändert? Würde sie sich schnell wieder an uns und ihr Heimatland gewöhnen? – Es gab so viele Fragen.

Da uns Viola schon berichtet hatte, dass sie sehr zugenommen habe (über 10 kg), waren wir nicht gänzlich unvorbereitet, dennoch war es ein leichter Schock, als wir einen kleinen Pummel auf uns zukommen sahen. Und was hatte sie da für ein „komisches" Shirt an? Das sollte sich auch in den nächsten Tagen nicht ändern, im Gegenteil, es tauchte ein „High-School-Shirt" nach dem anderen auf, Shorts, wie sie sie nie getragen hatte, aber auch hübsche neue Tops, die sehr schick aussahen, und zu jedem hatte sie passende Sandaletten.

Anfangs empfand sie uns Deutsche steif, langweilig und unspontan, sie gab sich schnodderig in Art und Sprechweise. Wir waren etwas irritiert, sagten aber zu all den Veränderungen so wenig wie möglich. Nett war es hingegen, am Morgen der noch verschlafenen Viola zu begegnen, denn dann purzelten die amerikanischen Worte nur so aus ihr heraus. Endlich hörten wir sie fließend Englisch sprechen. Toll war das!

Der erste Tag ihrer Rückkehr war prall gefüllt mit Erzählungen, Fotos anschauen und Mitbringsel verteilen. Doch dann war wohl irgendwie alles gesagt und es kam nicht mehr viel. Auf Nachfragen reagierte sie zögerlich. Ich weiß, dass Viola eher introvertiert ist und vieles, was sie in Amerika erlebt und gefühlt hat, gar nicht erzählen wird. Es sind ihre persönlichen Erlebnisse. Es fällt mir als mitteilsamem Menschen manchmal schwer, dies hinzunehmen, aber ich freue mich, wenn es dann eine Situation gibt, die Viola an etwas erinnert und sie dann erzählt: "Bei uns in Iowa ..."

Theoretisch war mir klar, dass das Austauschjahr auch den Abnabelungsprozess zwischen Eltern und Kind beschleunigen würde, nun aber durchlebe ich es. Wir sind uns bewusst, dass ein neuer Lebensabschnitt in der Beziehung zu unserer Tochter begonnen hat. Sie lebt jetzt zwar wieder – noch einmal – zu Hause und geht bald wieder zur Schule, dennoch ist sie „eigener", selbstständiger und auch unabhängiger geworden.

Es ist schön und traurig zugleich diese Entwicklung als Eltern zu begleiten. Es erfüllt uns aber auch mit Stolz, dass unser Kind fast ein ganzes Jahr in einem anderen Land mit anderen Menschen gelebt und dies gemeistert hat.

P.S.: Heute kam ein Paket aus Amerika mit Kleidung und Schulunterlagen. Viola zeigte mir ihre Aufzeichnungen und berichtete uns von ihrem Unterricht. So ergeben sich immer wieder Situationen, die uns einen Einblick in das Austauschjahr ermöglichen. Es braucht eben alles seine Zeit …

2.
ABSCHIED

Bald wird dein Austauschjahr hinter dir liegen. Trotz manch wehmütiger Gedanken ist das auch ein Grund zur Freude, denn du hast viel erreicht. Du hast es geschafft, Teil einer neuen Kultur zu werden. Du hast an einem fremden Ort ein neues Zuhause gefunden. Jetzt lebst du gemeinsam mit Menschen, die du vor einem Jahr noch nicht einmal kanntest, teilst ihr Leben, ihre Freuden und Sorgen. Mehr noch: Du weißt, wann und worüber sie sich freuen und ärgern, was sie gern tun, wovor sie sich fürchten, was sie achten und was nicht, woran sie glauben und vieles andere mehr. Du weißt jetzt, warum sie das eine tun und das andere lassen. Du hast gelernt, die dir einst fremden Menschen aus ihrer eigenen Perspektive zu verstehen und ihr Leben zu leben. Du gehörst jetzt dazu.

Trotz oder gerade wegen dieses Erfolges erleben viele Austauschschüler die letzten Wochen und Tage ihres Austauschjahres mit gemischten Gefühlen, denn der Abschied von lieb gewordenen Menschen, Orten und einem aufregenden Leben steht kurz bevor. Aber nicht nur für den Austauschschüler, sondern auch für die ihm nahe stehenden Menschen bedeutet der Abschied einen Einschnitt in ihr Leben. In deiner Gastfamilie und bei deinen neuen Freunden wirst du bestimmt eine Lücke hinterlassen, während sich deine Eltern und Geschwister zu Hause auf deine Heimkehr freuen. Für jeden ist der Abschied mit ganz besonderen Gefühlen und Folgen verbunden.

Übung:

Abschied – Frage an die Eltern

Welche Gedanken und Gefühle wird Ihr Kind beim Abschied von seiner Gastfamilie und seiner „zweiten Heimat" wahrscheinlich haben?

....

....

....

....

....

....

Abschied – Fragen an den Austauschschüler

Welche Gedanken und Gefühle hast du, wenn du an den Abschied von deiner Gastumgebung und deiner Gastfamilie denkst?

....

....

....

....

....

....

Wie werden sich deine Gasteltern (deine Gastgeschwister usw.) wohl fühlen, wenn sie sich von dir verabschieden? Was geht ihnen durch den Kopf, wenn sie an den bevorstehenden Abschied denken?

....

....

....

....

....

....

Wiedersehen – Frage an die Eltern

Welche Gedanken gehen Ihnen durch den Sinn, wenn Sie an die Rückkehr und das Wiedersehen mit Ihrem Kind denken? (Bald wird das Zimmer nicht mehr leer sein. Ob sie sich verändert hat? Wird sie sich zu Hause wieder wohl fühlen? Ob sie Schwierigkeiten haben wird, sich wieder einzuleben?)

....

....

....

....

....

....

Wiedersehen – Frage an den Austauschschüler

Welche Gedanken gehen wahrscheinlich deinen Eltern durch den Kopf, wenn sie an deine Rückkehr denken?

....

....

....

....

....

....

....

2.1 Vorfreude und Abschiedsschmerz

Vor einem Jahr musstest du dich schon einmal von Familie und Freunden verabschieden. Aber dieser Abschied war anders. Du wusstest, dass du nach deinem Austauschjahr alle wieder sehen würdest. Du warst dir sicher, dass dir dein Platz in Familie und Schule freigehalten wird.

Der Abschied von deiner Gastfamilie, den neuen Freunden, Lehrern und Bekannten ist anders und in vielerlei Hinsicht endgültiger. Du wirst dich von einem Leben verabschieden, das du so, in dieser Konstellation, nie wieder leben wirst. Denn du wirst wohl nie wieder gemeinsam mit deinen Gasteltern als deren „Kind" leben, dort zur Schule gehen und den Alltag mit ihnen teilen. Diese Zeit geht ihrem endgültigen Ende entgegen.

„Der Abschied nach einem Austauschjahr ist in vielerlei Hinsicht endgültiger als der Abschied von der alten Heimat vor dem Jahr."

Das Ende eines Lebensabschnitts ist an sich nichts Außergewöhnliches. Auch Nicht-Austauschschüler erleben das Ende gemeinsam verbrachter Lebenszeit, sei es das Ende der Kindheit, der ersten Liebe oder der Schulzeit. Nur vollziehen sich diese Veränderungen gewöhnlich nicht so abrupt und auf mehreren Ebenen gleichzeitig. Einzelne Lebensabschnitte gehen langsamer ineinander über. Der Übergang von der Schule in die Ausbildung oder die Universität ist nicht unbedingt mit einem längeren Abschied von der Familie oder mit der Trennung von alten Freunden verbunden. Nicht so das Ende eines Austauschjahres. Der Beginn und das Ende des Zusammenlebens mit deiner Gastfamilie sind nicht durch fließende Übergänge gekennzeichnet. Im Gegenteil: Von einem Tag auf den anderen befindest du dich in einem anderen Leben, mit anderen Eltern, anderen Freunden und einem anderen Alltag.

Aber das ist noch nicht alles. Dieser plötzliche Wandel bedeutet auch, dass es weniger Möglichkeiten gibt, sich diesen Übergang einfacher zu gestalten. Vertraute Menschen und Gemeinschaften, denen du dich jetzt zugehörig fühlst, werden plötzlich weit entfernt sein. Es ist nicht möglich, schnell einmal vorbeizuschauen, sich eben mal Rat zu holen oder gemeinsame Hobbys weiter zu pflegen. Der Kontakt per E-Mail, Post oder Telefon ist kein vollwertiger Ersatz für jemanden, der sein Austauschleben schätzen und lieben gelernt hat. Manche Austauschschüler kehren zwar schon bald nach ihrer Rückkehr für einen Besuch in ihr Gastland zurück, oftmals jedoch lassen Zeit und Geld ein schnelles Wiedersehen nicht zu, vor allem, wenn du dein Austauschjahr in Übersee verbracht hast. Kurz, es ist nicht sicher, wann und wo du Gastfamilie und Freunde im Gastland wieder sehen wirst.

Aber auch aus noch einem anderen Grund wirst du dein jetziges Leben als Austauschschüler so nicht wieder leben können. Vielleicht erinnerst du dich noch daran, dass Austauschschüler eine einmalige Chance haben, Teil ihrer Gastumgebung zu werden? Als Student oder Studentin, Au-pair oder Praktikant im Ausland wird dir dies nicht mehr in gleichem Maße gelingen. Zum einen kann es sein, dass du mit zunehmendem Alter weniger anpassungsbereit sein wirst – wer weiß. Vor allem aber wird dir der enge Bezug zu einer Gastfamilie fehlen, der dir dieses Mal buchstäblich die Türen zur neuen Kultur geöffnet hat. Bei späteren Auslandsaufenthalten wirst du am Leben anderer Gemeinschaften teilnehmen, zum Beispiel am Leben einer Universität, eines Unternehmens oder eines sozialen Projekts. Dort wirst du andere Aspekte deiner jeweiligen Austauschumgebung kennen lernen. Tochter oder Sohn, Schwester oder Bruder wirst du dort jedoch wohl nicht noch einmal werden können.

Aber auch wenn dein Leben als Austauschschüler und Kind deiner Gasteltern zu Ende geht, musst du die Abschiedszeit nicht unbedingt als leidvoll erleben. Ich kann mich noch sehr gut daran erinnern, dass ich zwar traurig war, als mein Austauschjahr zu Ende ging. Gleichzeitig freute ich mich jedoch auch sehr auf mein anderes Zuhause und war gespannt, was sich alles verändert hatte. Das Leben auf einer Farm im Mittleren Westen der USA und an einer kleinen High School war mir gut bekannt. Ich war bereit für neue Abenteuer.

Mancher bekommt in der Abschiedszeit sogar richtiges Heimweh. Das ist durchaus natürlich und sollte nicht als Zeichen mangelnder Dankbarkeit gegenüber der Gastfamilie oder als Misserfolg des Aufenthaltes gedeutet werden. Im Gegenteil: Oftmals sind es gerade die Erinnerungen an das im Gastland Erlebte, die uns bewusst machen, dass es auch noch in einem anderen Land Menschen gibt, mit denen wir schöne Zeiten verbracht haben und wieder verbringen werden. Und es gibt natürlich auch immer wieder Austauschschüler, die froh sind, dass eine schwierige Zeit ihrem Ende entgegengeht. Heimweh oder vielmehr Vorfreude auf die Heimat haben also durchaus ihre Berechtigung und machen die Rückkehr einfacher. Das sollte jedoch nicht dazu führen, dass du dich bereits in den letzten Wochen oder Tagen von deiner Gastfamilie abkapselst. Sie würden sich sorgen oder gar Vorwürfe machen, denn Freunde und Familie im Gastland sind selbst im Abschied begriffen und möchten die letzte Zeit meist gern intensiv mit dir verbringen.

„Freust du dich schon auf zu Hause?" ist eine Frage, die viele Austauschschüler in den letzten Wochen ihres Jahres gestellt bekommen. Viele antworten darauf – ja, schon, aber genauso werde ich mein Leben hier vermissen. Die Vorfreude auf die Rückkehr in die alte Heimat und der drängende Wunsch, im Gastland zu bleiben, gehören eng zusammen und sind bei den meisten Austauschschülern zwei Seiten einer Medaille. Es ist, als schlügen zwei Herzen in einer Brust: eins freudig, das andere traurig.

„Ein Austauschprogramm ist kein Auswanderungsprogramm."

Oftmals werden Vorfreude und Abschiedstrauer als Maß für ein erfolgreiches Austauschjahr betrachtet. Dann wird Abschiedsschmerz als untrügliches Zeichen einer erfolgreichen Eingliederung missverstanden oder die Vorfreude auf die Rückkehr als dessen Gegenteil. Das jedoch ist zu einfach gedacht. Vorfreude und Abschiedsschmerz sind keine geeignete Messlatte für den Erfolg eines Austauschjahres. Ein Schüler, den es wieder nach Hause zieht, kann in seinem Austauschjahr sehr viel gelernt haben – oder auch nicht. Wer nicht mehr zurück will – und von solchen Austauschschülern gibt es auch einige – hat sich nicht notwendigerweise erfolgreicher angepasst und ist enger in die Gastgemeinschaft hineingewachsen, als der, der bereit ist, den nächsten Schritt im Leben eines Austauschschülers zu gehen – zurückzukehren. Denn ein Austauschprogramm ist kein Auswanderungsprogramm. Noch ist das Austauschjahr nicht zu Ende. Die Heimkehr ist Teil der Austauscherfahrung. Ohne sie ist ein Austauschjahr nicht komplett.

Nicht nur du, sondern auch deine Gastfamilie, deine neuen Freunde und deine Familie zu Hause sind Teil der Abschieds- und Rückkehrphase. Von den einen wirst du dich verabschieden, die anderen freuen sich auf deine Heimkehr. Für die einen bedeutet deine Abreise die Trennung für eine lange Zeit, für die anderen das lang ersehnte Wiedersehen. Einige Menschen werden diese Phase also sehr aufgeregt erleben, andere werden traurig sein, dass du sie verlassen wirst. Möglicherweise ist es auch für sie das erste Mal, dass sie sich auf diese Weise von einer Person verabschieden müssen. Vielleicht haben sie aber auch Erfahrung darin oder tragen die Hoffnung in sich, dich bald wieder zu sehen. Möglicherweise werden ihnen aber auch die Folgen des Abschieds und des Verlustes erst später richtig bewusst, wenn du bereits im Flieger sitzt. Oder sie beschäftigen sich schon jetzt mit deiner Heimkehr und bereiten sich in Gedanken auf den Abschied vor.

Nicht nur in deiner Gastfamilie, sondern auch in deinem Freundeskreis wirst du eine Lücke hinterlassen. Über das Jahr sind Freundschaften entstanden, und jetzt sollt ihr wieder auseinander gehen? Tröstlich ist da vielleicht der Gedanke, dass auch viele deiner neuen Freunde bald eigene Wege gehen, einen Beruf erlernen, an Hochschulen und Universitäten im ganzen Land studieren oder arbeiten.

Deine leiblichen Eltern hingegen verspüren in dieser Zeit bestimmt keine Traurigkeit. Sie freuen sich sicher sehr, dass du bald wieder zu Hause sein wirst. Ihnen fällt es oft schwer, sich vorzustellen, in welcher inneren Zerrissenheit du dich gerade befindest, denn für sie ist deine Heimkehr in erster Linie mit Vorfreude verbunden. Der schwere Abschied für ein Jahr liegt viele Monate zurück. Jetzt kommst du wieder! Manche können die bevorstehende Rückkehr gar nicht erwarten, was aber nicht heißen soll, dass sich deine Eltern keine Gedanken über deine Rückkehr und Wiederanpassung machen. Auch sie sind sicher etwas nervös.

„Es ist nicht nur ein Abschied, sondern auch ein Wiedersehen."

Fassen wir noch einmal zusammen. Dein Wechsel von den Gemeinschaften deines Austauschjahres in die deiner alten Heimat geschieht plötzlich. Von einem Tag auf den anderen befindest du dich wieder in einer anderen Welt. Zwischen diesen Welten liegen meist nicht nur Tausende Kilometer, sondern andere Lebensauffassungen, Weltanschauungen, Glaubensformen, Vorlieben und vieles mehr. Es ist aber nicht nur dein Abschied. Und für einige ist es nicht einmal das, sondern ein Wiedersehen. Du wirst dich von den Menschen deiner neuen Heimat trennen und die Menschen deiner alten Heimat wieder sehen. Für deine Gastfamilie und deine neuen Freunde wird es ein Abschied sein und für deine Familie und Freunde zu Hause ein lang erwartetes Wiedersehen. Nur du wirst, genauso wie du jetzt Teil zweier Welten bist, beides in dir tragen, den Abschiedsschmerz und die Vorfreude. Das eine vielleicht mehr, das andere möglicherweise weniger.

Diese Situation ist nicht immer leicht zu meistern. Wie kann man Abschiedsschmerz lindern? Was kann man tun, um die kompromisslose Vorfreude und freudigen Erwartungen der Eltern nicht zu enttäuschen? Der Abschied gehört nun einmal zum Austauschjahr wie Heimweh und Gastfamilie. Er kann bewusst erlebt oder solange wie möglich ignoriert werden. Es ist möglich, sich auf den Abschied vorzubereiten oder sich von ihm überraschen zu lassen. Nur umgehen kann man ihn nicht.

2.2 Den Abschied erleichtern

Mit einem Abschied sind fast immer die verschiedensten Gefühle verbunden, wobei häufig der Schmerz der Trennung im Vordergrund steht, der die Vorfreude auf die Rückkehr und die damit verbundenen Möglichkeiten überdecken kann. Abschied zu nehmen muss jedoch nicht schwer fallen, doch wie kann man ihn sich erleichtern?

Bedanken, verabschieden, in Erinnerung bleiben

Dein Austauschjahr hast du einer ganzen Reihe von Menschen zu verdanken. An allererster Stelle sind da deine leiblichen Eltern und deine Gastfamilie zu nennen. In Geld lässt sich gar nicht ausdrücken, was sie für dich geleistet haben, denn sie haben dein Austauschjahr nicht nur finanziert. Deine Eltern haben dich sehr früh aus ihrer Mitte gehen lassen, sehr viel früher, als Eltern das in unserer Gesellschaft normalerweise tun. Und deine Gastfamilie hat dir ihr Haus und ihr Herz geöffnet.

Spätestens jetzt solltest du dich deshalb noch einmal bei den Menschen bedanken, die dich in diesem Jahr begleitet, dir geholfen und dich unterstützt haben. Denn gerade die unentgeltliche und vor allem vorbehaltlose Aufnahme eines Fremden (und das warst du vor einem Jahr) ist keine Selbstverständlichkeit. Hast du schon überlegt, wie du deine Dankbarkeit ausdrücken willst? Wie dankt man jemandem in deinem Gastland? *Überlege einmal, wie du dich bei deiner Gastfamilie, Gastgeschwistern, Lehrern, Freunden und anderen bedanken kannst!*

Gastfamilie:

....

....

....

....

....

Gastgeschwister:

....

....

....

....

....

....

Lehrer:

....

....

....

....

....

....

Freunde:

....

....

....

....

....

....

Andere:

....

....

....

....

....

Wir können dir an dieser Stelle nur einige Ideen „von der Stange" geben. Doch alle diese Anregungen ersetzen kein Geschenk und keine noch so kleine Aufmerksamkeit, die etwas über deine Beziehung zu dem Menschen ausdrücken kann, bei dem du dich bedanken möchtest. Eine Erinnerung an einen gemeinsam erlebten Moment, an ein gemeinsames schönes Erlebnis oder ein kleines Symbol für die Beziehung, die du während des Jahres aufgebaut hast, sind oft das Schönste, was man einem anderen Menschen schenken kann. Mit einem überlegt ausgewählten Geschenk kannst du deiner Gastmutter (Gastvater, Gastoma u.a.) zeigen, dass du sie kennst, schätzt und vielleicht richtig vermissen wirst. Wie wäre es deshalb mit einem Fotoalbum über dein Jahr bei ihnen, ein Gedicht in ihrer Sprache oder mit einem gerahmten Familienbild von allen? Sicher freuen sie sich auch über ein besonderes Essen, das du für sie kochst und natürlich eine schön gestaltete Einladung, dich bald besuchen zu kommen. Und sicher gibt es auch etwas, worüber sich deine Gastgeschwister freuen würden, selbst wenn ihr über das Jahr hin nicht immer die dicksten Freunde wart.

Bedanke dich auch bei deinen Lehrern, wenn du dich am letzten Schultag von ihnen verabschiedest. Schon ein paar freundliche Worte wirken Wunder und werden dafür sorgen, dass du ihnen in guter Erinnerung bleibst. Gleiches gilt auch für andere Leute und Bekannte, die dich während des Jahres unterstützt haben, wie dein Football Coach, die Tanzlehrerin oder Nachbarn. Wer weiß – vielleicht verhilfst du gerade damit einem anderen Austauschschüler, auch ein erlebnisreiches und Gewinn bringendes Austauschjahr zu verbringen.

Wenn du in deinem Austauschjahr einen großen Freundeskreis aufgebaut hast, bietet es sich sicher an, eine richtige Abschiedsparty für alle zu organisieren. Bei deinen engsten Freunden kannst du dich mit einer Einladung in eurer Lieblingscafé oder -restaurant bedanken. Bestimmt werden auch sie sich etwas für dich ausdenken, plane deshalb in den letzten Tagen und Wochen etwas Extrazeit für Überraschungen ein.

Die letzten Male – Den Abschied bewusst erleben

Vielen fällt der Abschied leichter, wenn sie sich von den Menschen, die ihnen wichtig sind, bewusst verabschieden. Obwohl schon das nicht immer einfach ist, kann es jedoch noch schmerzhafter sein, ohne einen richtigen Abschied ins Flugzeug zu steigen. Sich bewusst „Auf Wiedersehen" zu sagen, zum Beispiel bei einem Spaziergang am Strand, mit einem Familientreffen auf der Veranda oder einem letzten Ausflug zu einem gemeinsamen Lieblingsort in der Stadt, kann etwas Wunderschönes sein.

Die Abschiedsphase ist auch die Zeit der letzten Male: Noch einmal deine neuen Lieblingsgerichte essen, noch einmal ans Meer zum Schwimmen fahren, noch einmal morgens festlich gekleidet in die Kirche gehen. Und sicher gibt es auch einige Dinge, die du eigentlich schon das ganze Jahr über unternehmen wolltest, die du aber immer wieder aufgeschoben hast, weil ja noch so viel Zeit dafür zur Verfügung stand. Vielleicht kannst du ja die eine oder andere Unternehmung wirklich noch mit deiner Gastfamilie oder mit Freunden machen – vielleicht sogar als Dank an sie oder als Teil eurer Verabschiedung.

Gleiches gilt für Verpflichtungen, Aufgaben und Besorgungen. Überlasse es nicht deinen Gasteltern, Bücher wieder in die Bibliothek zurückzubringen oder dich in der Schule abzumelden. Kurz gesagt: Begleiche „offene Rechnungen", bevor du die Heimreise antrittst.

Und noch etwas gehört in eine bewusst erlebte Abschiedsphase: Geschenke für die Daheimgebliebenen. Kaufe deshalb rechtzeitig gut ausgewählte Mitbringsel für deine Familie zu Hause und bedenke dabei nicht nur, was ihnen dieses Geschenk sagen soll, sondern vor allem auch, ob es dies auch wird. Bist du sicher, dass deiner Schwester der Softballhandschuh gefallen wird? Oder hast du ihn vielleicht nur gekauft, weil du daheim jemanden brauchst, mit dem du spielen kannst? Werden deinen Eltern die beiden bunt bedruckten T-Shirts wirklich gefallen, nur weil darauf in großen Lettern der Name deines Gastorts prangt?

Welche Geschenke willst du für deine Eltern, Geschwister und Freunde mitnehmen?

....

....

....

....

....

Zwischenbilanz ziehen

Vielen Menschen fällt es leichter, mit schwierigen Situationen umzugehen, wenn sie diese als „Teil eines Ganzen" betrachten. Das Ganze ist in diesem Fall das Austauschjahr. Ohne Abschiede und Trennungen vor einem Jahr hätte all dies niemals geschehen können. Du hättest die Menschen, die dir jetzt so viel bedeuten, niemals kennen und schätzen gelernt, hättest nie die Fähigkeiten erworben, gemeinsam mit ihnen und als geschätztes Mitglied ihrer Gemeinschaft zu leben. Aber genau das hast du geschafft, oder? Eine Zwischenbilanz des Austauschjahres wird dir zeigen, was du in dem einen Jahr alles gelernt, kennen gelernt und bewältigt hast! Versuch doch einmal, all das auf eine Liste zu schreiben! Sie wird garantiert lang.

Wenn du während deines Austauschjahres Tagebuch geführt hast, lies dir unbedingt die Einträge aus den ersten Wochen und Monaten deines Austauschjahres noch einmal durch. Jetzt ist ein guter Zeitpunkt dafür. Du wirst staunen, worüber du dich am Anfang gewundert hast, was dir merkwürdig und fremd vorkam oder was dir damals wie ein fast unüberwindbares Hindernis erschien. Heute fallen dir viele dieser Unterschiede höchst wahrscheinlich gar nicht mehr auf. Die Schwierigkeiten von damals sind jetzt Kleinigkeiten, die du mit einem Lächeln meisterst.

Abschied als nächsten Schritt betrachten

Das Ende des Austauschjahres ist nicht das Ende der Welt. Streng genommen ist dein Austauschjahr mit der Rückkehr auch noch gar nicht zu Ende, denn zu einem vollständigen Austauschjahr gehört auch die erfolgreiche Wiederanpassung an deine Heimatkultur. Es gibt sogar Austauschschüler, die meinen, es begänne danach erst richtig. Nun, sei es, wie es sei. Doch nur wer heimkehrt, wird auf die vielen Veränderungen aufmerksam, die sich leise und unbemerkt während des Austauschjahres vollzogen haben. Mir ging es so und vielen anderen auch.

„Die Rückkehr ist eine Aufgabe."

Als ich heimkam, kleidete ich mich vorläufig noch so wie in meiner Zeit in den USA. Mehr noch, ich mochte T-Shirts, Shorts, Basecap und Laufschuhe. Ich fand es irgendwie normal und gleichzeitig schick. Erst im Laufe der Zeit fiel mir auf, dass die Menschen um mich herum das nicht so normal fanden wie ich. Und dann erinnerte ich mich, dass eine solche Garderobe vor meinem Austauschjahr nicht einmal Bestandteil meines Kleiderschranks war. Erkenntnisse dieser Art begleiteten mich eine lange Zeit und noch heute erlebe ich Momente, in denen ich denke: „Halt mal, da war doch was! Woher kommt diese Einstellung, diese Vorliebe oder dieses Verhalten jetzt eigentlich?"

Betrachte deine Rückkehr als eine Aufgabe und gehe sie mit dem gleichen Enthusiasmus und der gleichen Offenheit an, wie deinen Start ins Austauschjahr. In deinem alten Zuhause gibt es viel zu entdecken, wenn du es aus dem Blickwinkel deiner Gastumgebung betrachtest. Du wirst noch einmal den Kontrast zweier Kulturen erleben – nur mit umgekehrten Vorzeichen. Sozusagen ein zweiter Austausch in umgekehrter Richtung. Das garantieren wir dir!

Pläne schmieden

Die Abschiedsphase ist durchaus eine Zeit, um neue Pläne zu schmieden, denn mit der einen Tür, die sich schließt, öffnen sich andere. Überlege zusammen mit deiner Gastfamilie und

Freunden, wie ihr in Zukunft den Kontakt halten wollt. Vielleicht könnt ihr den ersten Besuch deiner Gastfamilie in Deutschland oder deine erste „Rückkehr" planen? Was willst und kannst du „mitnehmen"? Wovon verabschiedest du dich gern schon im Gastland? Was lässt sich nicht in die andere Kultur übertragen? Was ist ein sinnvolles kulturelles Mitbringsel? Oder überleg dir, wie du das im Austauschjahr Gelernte zu Hause anwenden und einsetzen kannst!

„Nur ein Abschied ohne Hoffnung ist ein leidvoller Abschied."

Zurück in Deutschland werden sicher viele Leute wissen wollen, was du erlebt hast. Damit eröffnet sich ein großes Feld an Fragen. Wie willst du deiner leiblichen Familie und Freunden von deinem Austauschjahr berichten? Wie kannst du sie an deinem Jahr und den Erfahrungen teilhaben lassen? Wie willst du ihr Verständnis für deine Entwicklung und Veränderungen wecken, die sich im vergangenen Jahr ereignet haben? Vor welchen Aufgaben wirst du als Kulturbotschafter/in deines Gastlandes stehen, dem in deiner Heimat vielleicht mit vielen Vorurteilen begegnet wird? Oder hat sich durch dein Austauschjahr ein Berufswunsch herauskristallisiert? Willst du nun wegen des lustigen Lebens mit deinen vielen Gastgeschwistern später auch einmal eine große Familie gründen? Oder bist du jetzt sicher, dich weiter für die interkulturelle Verständigung engagieren zu wollen, weißt nur noch nicht wie? Jetzt, an der Schwelle zu einem neuen Lebensabschnitt, ist eine gute Gelegenheit, ein klareres Bild von deiner Zukunft zu entwerfen.

Keine Besuche

Stell dir vor, dein Austauschjahr ist eine Filmproduktion und du hast das ganze Jahr über die Hauptrolle in dem Film „Mein Austauschjahr" gespielt. Auch deine Gastfamilie, alle neuen Freunde und Bekannten waren daran beteiligt. Deine Eltern jedoch haben nicht mitspielen können. Sie waren nicht einmal Statisten. Aus der Ferne haben sie lediglich Ausschnitte des Films beschrieben bekommen, über E-Mails, Telefon, Briefe und Fotos. Nie haben sie aktiv mitgewirkt.

Plötzlich wollen sie jedoch selbst mitspielen. Sie platzen in die Handlung hinein, ohne zu wissen, wer genau welche Rolle hat und was sich bis dahin zugetragen hat. Sie kennen dich nur in deiner alten Rolle als ihre Tochter oder ihren Sohn, die bzw. der du vorher zu Hause warst. Und entsprechend handeln sie auch. Du kannst dir sicher vorstellen, dass in einer solchen Situation Probleme, Missverständnisse und Auseinandersetzungen vorprogrammiert sind.

Mama kommt

Diego hatte ein schönes, wenn auch nicht immer einfaches Austauschjahr in einer kleinen Stadt in Mecklenburg-Vorpommern verbracht. Er freute sich zwar auf seine Rückkehr nach Mexiko, aber der Abschied von seiner Gastfamilie fiel ihm sehr schwer. Nach schwierigen Auseinandersetzungen mit seinen Gasteltern hatte er seinen Platz in der Familie gefunden. Er war im Laufe der Zeit ihrer Ansicht nach selbständiger, rücksichtsvoller und einfühlsamer geworden und nicht mehr der „Macho", wie seine Gastmutter ihn am Anfang genannt hatte, was auch immer das bedeuten sollte.

Zwei Wochen vor seinem Rückflug erhielt Diego einen Anruf von seiner Mutter. Kurzfristig sollte sie zu einer Geschäftsreise nach Deutschland kommen und hatte anschließend extra für Diego Urlaub genommen. Sie wollte ihn bei seiner Gastfamilie abholen und nach einer kurzen Rundreise durch Deutschland zusammen mit ihm nach Hause fliegen. Mit der Austauschorganisation hatte sie schon alles geklärt, die Tickets waren bereits umgebucht. Die Mutter klang am Telefon überschwänglich und begeistert.

Diego war dabei nicht ganz wohl zumute. Er freute sich zwar sehr auf das Wiedersehen mit seiner Mutter, jedoch hatte er sich den Abschied von seiner Gastfamilie und das Wiedersehen mit ihr ganz anders vorgestellt. Auch seine Gasteltern waren verunsichert von dem Überraschungsbesuch, aber einer Mutter kann man doch nicht absagen, oder?

Also kam Diegos Mutter mit einem Koffer voller Geschenke vier Tage vor Diegos Abreise zu Besuch. Sie wurde von allen freudig empfangen, aber irgendwie hatte keiner wirklich Zeit für sie. Diego musste noch einige Dinge in der Schule regeln, zu einer Abschiedsparty des Fußballvereins, in dem er das Jahr über sehr erfolgreich gespielt hatte und schließlich musste seine eigene Abschiedsparty organisiert werden. Seine Mutter war enttäuscht, dass er ihr nur flüchtig die Stadt, die Schule und die Seen in der

Umgebung zeigen konnte. Außerdem sprach er ein furchtbares Spanisch und verfiel immer wieder ins Deutsche, von dem sie nichts verstand. Er hetzte von einem Ort zum nächsten, immer bedacht, pünktlich zu sein, so dass sie gar nicht zum Verschnaufen kamen. An den nächsten beiden Tagen ging sie deshalb allein auf Besichtigungstour. Fast bereute sie, gekommen zu sein.

An Diegos letztem Abend hatte die Familie ein großes Essen vorbereitet, zu dem nur der engste Kreis der Familie geladen war, aber natürlich auch Diegos Mutter. Alle hatten sich festlich gekleidet und es gab Diegos deutsche Lieblingsgerichte. Während des Essens unterhielten sich alle angeregt und erzählten von Erlebnissen aus dem vergangenen Jahr: Diegos Ankunft im August, sein holpriges Deutsch, das für manch lustiges Missverständnis und manchen Lacher gesorgt hatte, seine kindliche Freude, als er im Winter auf dem Stadtsee Schlittschuhlaufen lernte und vieles mehr. Diegos Mutter saß etwas einsam dabei und versuchte zu lächeln, wenn jemand augenscheinlich einen Witz gemacht hatte, denn viel verstand sie nicht.

Dann wurde es plötzlich still und Diego stand auf. Er hielt einen Zettel in der Hand und verlas ein Gedicht, das er für seine Gastfamilie auf Deutsch geschrieben hatte. Seine Stimme blieb ihm mehrmals im Hals stecken und schließlich konnte er auch das Weinen nicht mehr unterdrücken. Die ganze Familie saß traurig um den Tisch. Seine Gastmutter stand auf und nahm Diego in den Arm.

Seiner leiblichen Mutter war diese Situation sehr peinlich. Sie schämte sich. Schämte sich für ihren Sohn, der vor anderen wie ein Mädchen weinte. Und gleichzeitig war sie eifersüchtig auf diese fremde Frau, die ihren Sohn behandelte, als sei er wirklich ihr eigenes Kind. Nach dem Essen entschuldigte sie sich in fließendem Englisch bei Diegos Gastvater für das Verhalten ihres Sohnes. Sonst sei Diego nie so, sie wüsste gar nicht, was in ihn gefahren sei. Obwohl er die Worte an sich wohl verstanden hatte, sah Diegos Gastvater sie verständnislos an. Dann ging die Mutter zu Bett, während die Familie und Diego noch lange auf der Terrasse sitzen blieben und erzählten …

Diego sitzt zwischen zwei Stühlen. Eigentlich braucht er Ruhe und Zeit, um sich von seiner Gastfamilie und seiner Austauschumgebung zu verabschieden und sich mit Abstand und Ruhe auf seine Rückkehr und das Wiedersehen mit seiner Mutter vorzubereiten. Für diesen Übergang ist auch die Zeit der Rückreise nützlich und wichtig, denn sie bildet quasi ein neutrales Gebiet. Diese Chance ist Diego verwehrt. Plötzlich prallen in seinem Leben zwei Welten, seine zwei Lebenswelten, aufeinander.

Eine solche Situation kann für alle Beteiligten ausgesprochen schwierig werden. Abgesehen von den interkulturellen Missverständnissen, die auftreten, bei genügender interkultureller Sensibilität jedoch gemeistert werden können, geschieht vor allem eins – ein geordneter Übergang vom neuen in das alte Leben wird beeinflusst, erschwert oder gar gestört.

Aber nicht nur für Diego ist die Situation schwierig, sondern vor allem auch für seine Mutter. Sie war mit ganz anderen Erwartungen nach Deutschland gekommen. Sie wollte erfahren, wo und wie Diego das Jahr über gelebt hatte. Mit Veränderungen ihres Sohnes hatte sie irgendwie gerechnet, sie sich aber ganz anders vorgestellt. Sie hatte einen anderen Diego erwartet, nicht den, der vor Rührung weint, sondern den, der über den Dingen steht und seine Gefühle beherrscht. Doch sie bekam weder die volle Aufmerksamkeit noch ihren alten Diego. Diego befand sich noch in seinem Austauschjahr, seinem anderen Leben, spielte eine Rolle in einem Film, den die Mutter nicht kannte. Er musste und wollte die verbleibende Zeit in Deutschland mit seiner Gastfamilie verbringen. Für seine Mutter hätte er bald auch so wieder alle Zeit der Welt gehabt.

Aber auch für Diegos Gasteltern war die Situation nicht einfach. Waren sie schon jetzt ihre Elternrolle los? Wer war jetzt Mutter? Und warum war Diegos leiblicher Mutter das Verhalten ihres Sohnes peinlich? Wie sollten sie sich verhalten? Eine nicht ganz einfache Situation. Auf jeden Fall jedoch eine Situation, die eine ungezwungene und „echte" Verabschiedung verhindert. Die Gasteltern spürten Diegos Verunsicherung, der in Gedanken und Taten noch bei ihnen war, aber gleichzeitig versuchte, es seiner Mutter irgendwie recht zu machen. Der Abschied fiel allen schwer. Der Besuch machte alles noch schwieriger.

Für Eltern

Als Eltern werden Sie mit dem Ende des Austauschjahres das erste Mal direkt mit den Veränderungen Ihres Kindes konfrontiert. Bei einem Besuch während des Austauschjahres wird dieser Effekt noch verstärkt, denn dann treffen diese Ihnen noch unbekannten Veränderungen mit dem Ihnen unbekannten Umfeld zusammen. Die dort lebenden Menschen beanspruchen Ihr Kind für sich und verlangen von ihm ganz besondere Verhaltensweisen. Einige dieser Verhaltensweisen und Gewohnheiten können durchaus befremdlich auf Sie wirken, denn Ihnen ist diese Lebenswelt ihres Kindes weitgehend unbekannt. Ihr Kind hat einen Platz in einem Ihnen fremden Gefüge. Erst nach der Rückkehr wird es allmählich wieder seine hiesige Rolle finden und einnehmen. Im Gastland erleben Sie Ihren Sohn oder Ihre Tochter als Kind einer anderen Familie, als Highschool-Schüler, Cheerleader oder Gaucho. Vereinfacht gesprochen erleben Sie Ihr Kind auf „polnisch", „australisch" oder „brasilianisch".

Sie sollten sich auch darüber im Klaren sein, dass eine Einladung durch die Gastfamilie mitunter lediglich eine höflich gemeinte Geste darstellen kann, die das Gebot der Gastfreundschaft fordert. Im Zweifelsfall trauen sich viele Gastfamilien nicht, Ihnen abzusagen, denn in vielen Kulturen würde so etwas als unhöflich empfunden werden. Wie kann man denn auch den „richtigen" Eltern seines Gastkindes einen Besuch verweigern? Bereits hier, im Vorfeld eines möglichen Besuches, liegt ein erhebliches Potenzial an Missverständnissen versteckt.

Außerdem sollten Sie sich ehrlich fragen, wie Sie mit der mitunter emotional sehr engen Bindung Ihres Kindes zu seinen Gasteltern umgehen werden. Nicht selten ist ein guter Schuss Eifersucht mit im Spiel, wenn Ihr Kind seine „Mom" in den Arm nimmt oder vielleicht auf dem Schoß seines Gastvaters sitzt wie zuletzt mit sechs Jahren bei Ihnen selbst. Der Umgang mit diesen Befindlichkeiten ist schwierig genug, wenn Ihr Kind erst wieder ganz bei Ihnen ist und in höchsten Tönen von seinen Gasteltern schwärmt. Aber die Schwierigkeiten können sich potenzieren, wenn sie direkt vor Ort erfahren werden.

Bis zu diesem Punkt haben wir versucht, auf die Schwierigkeiten von Besuchen während des Austauschjahres und insbesondere am Ende hinzuweisen. Natürlich können Besuche auch völlig komplikationslos verlaufen und für alle Beteiligten eine Bereicherung darstellen. Jedoch trifft das leider nicht auf die Mehrzahl der Besuche zu. Selbst wenn ein gewollter und noch so lieb gemeinter Besuch während oder am Ende des Austauschjahres ohne größere Schwierigkeiten ablaufen sollte, bedeutet er immer einen Eingriff in die Austauschsituation.

Deshalb möchten wir an dieser Stelle dazu raten, die Gastfamilie des eigenen Kindes irgendwann einmal zu besuchen – dafür spricht letztlich schon der Austauschgedanke selbst – aber wir möchten Ihnen dringend empfehlen, diesen Besuch bei der Gastfamilie nicht mit dem Austauschjahr selbst zu verbinden. Nach der Heimkehr Ihres Kindes bleibt dafür noch genug Zeit. Sie machen es damit auch Ihrem Kind leichter, das in ein oder zwei Jahren ein stabiles Verhältnis zu seinen beiden Elternpaaren haben wird. Und seien Sie versichert, wenn Sie es nicht auch schon vorher waren: Sie sind und bleiben die geliebten und geschätzten Eltern Ihres Kindes. Ein Austauschjahr ändert daran nichts. Im Gegenteil, in vielen Fällen wird die familiäre Bindung sogar enger.

Die Hälfte vergessen *von Marit Aarnes*

Eines Tages Ende April war ich auf dem Weg nach Hause von der Schule, als mir auf der Straße unsere Nachbarin entgegenkam. Wir wechselten ein paar Worte über dies und jenes, als sie völlig unvermittelt fragte: „Und, freust du dich schon auf zu Hause?" Ich guckte sie verdutzt an. Mein Zuhause war doch gleich um die Ecke!

War da heute etwas Besonderes los? Hatte ich einen Geburtstag vergessen? Schnell wurde mir jedoch klar, dass es nicht um dieses Zuhause ging, sondern um das andere, das viel weiter weg war.

Was ich der Nachbarin, die bestimmt nur nett sein wollte, geantwortet habe, weiß ich nicht mehr. Ich weiß nur, dass sie mir plötzlich einen Spiegel vorhielt, in den ich gar nicht gucken wollte. Stattdessen habe ich die Realität verdrängt. Es sollte aber nicht das letzte Mal sein, dass mir jemand diese Frage stellte. Als die Tage und Wochen vergingen und sich das Ende meines Austauschjahres bedrohlich näherte, hörte ich sie immer öfter, und bald spulte ich eine Antwort ab wie ein Plattenspieler. Das war der einfachste Weg, nicht nachdenken zu müssen. Ich wollte nicht daran denken, ich konnte mir einfach nicht vorstellen, meine ganzen Leute, mein Zuhause, meinen Alltag und mein ganzes Leben als deutsches Mädchen bald zu verlassen!

Als sich Tag X näherte, fingen die Leute an zu fragen: „Sehen wir uns eigentlich nochmal, bevor du fährst?" Jedes Mal antwortete ich: „Na klar, ist doch noch lange hin!" Zwar war es gar nicht mehr lange, aber ich tat immer noch so, als gäbe es den Tag nicht. Die letzten Tage waren schrecklich. Ich tat alles, um der unvermeidlichen Wahrheit aus dem Weg zu gehen. Das war nicht leicht, denn obwohl ich es mir nicht eingestehen wollte, immer hatte ich das Gefühl, egal was ich machte, es war das letzte Mal: Der letzte Tanzauftritt, das letzte Mal Essen gehen, das letzte Mal Boller für die Familie backen. Wir haben das letzte Mal Verstecken gespielt (das Lieblingsspiel meiner Freunde), ich habe den letzten Pfannkuchen mit meinem damaligen Freund geteilt, mein letztes Köstritzer getrunken … Die Liste war endlos, und am Ende war ich kaputt. Ich lief völlig verwirrt durch die Gegend, um alles, was ich eben zum letzten Mal gemacht hatte, noch einmal zu tun. Manchmal wollte ich einfach mit meiner Gastfamilie zu Hause sein, aber wenn ich zu Hause war, konnte ich es doch nicht. Es war viel einfacher, unterwegs zu sein und dabei die Tatsache zu ignorieren, dass der Abschied unumgänglich war. Die Ruhe, die zu Hause herrscht, und die Zeit zum Denken konnte ich nicht aushalten …

Vom Kofferpacken wollte ich nichts wissen. Am Abend vor meiner Abreise habe ich dann endlich meine Sachen aus dem Schrank geräumt. Dass ich mein ganzes Leben in die zwei winzigen Koffer hineindrücken sollte, war hoffnungslos. Am Ende hat mein Gastvater meine Koffer gepackt. Einiges musste auch da bleiben. Es war mir egal. Mit meiner Gastschwester hatte ich verabredet, dass wir uns an diesem Abend ganz in Ruhe verabschieden wollten, weil sie am nächsten Tag nicht zum Bahnhof kommen wollte. Sie mag Abschiede nicht. Ich mag Abschiede auch nicht, aber ich ging damit um, indem ich den unausweichlichen Moment immer weiter hinauszögerte. Noch ein kleines, kleines Weilchen so zu tun, als ob es den nächsten Morgen nicht gäbe. Irgendwann standen wir da und hielten uns heulend in den Armen. Ich habe keine Ahnung, wie lange wir so dastanden, und ich weiß nicht mehr, was mir in dieser Zeit durch den Kopf ging. Aber das Gefühl, jemanden festhalten zu müssen, weil man denkt, ihn sonst für immer zu verlieren, vergeht nicht so schnell.

Am nächsten Morgen weckte mein Gastvater mich zum Frühstück. Als ich herunterkam, saß auch meine Gastmutter da. Ich konnte es nicht glauben. Wir hatten uns schon früh am Tag vorher ver-

abschiedet. Kurz und schmerzhaft. Sie musste los. Sie hatte einen Termin in einer anderen Stadt. Ich wollte sie nicht gehen lassen. Und nun saß sie also wieder da. Ihr Termin war ausgefallen. Als wir am Bahnhof ankamen, stand auch meine Gastschwester wieder da. Die ganze Familie war trotz der Verabschiedungen am Tag zuvor ein letztes Mal wieder zusammen. Nun war die Zeit des endgültigen Verabschiedens. Meine ganze Schulklasse war ebenfalls gekommen. Ich glaubte fest, ich würde sie nie wieder sehen. Dass Norwegen nur zwei, drei Flugstunden entfernt ist, und ich schon zwei Monate später und danach regelmäßig wieder hinfliegen würde, war in dem Moment unvorstellbar. Die letzten Minuten waren endlos und gingen gleichzeitig wie im Fluge vorbei. Als der Zug kam, klammerte ich mich verzweifelt an Leute, die mich auch nicht loslassen wollten. Ich glaube, letztendlich hat mich jemand in den Zug hinein geschoben. Nicht vielen Austauschschülern ist es gelungen, die Abfahrt eines deutschen ICE um drei Minuten zu verzögern.

Als der Zug aus dem Bahnhof rollte, hatte ich das Gefühl, eine Hälfte von mir würde noch auf dem Bahnsteig stehen. Und diese Hälfte habe ich erst mehr oder weniger abgeholt, als ich zwei Monate später in den Herbstferien wiederkam.

Abschied von Marit *von Nina Langenberg*

So etwas habe ich noch nie erlebt, dabei fing alles ganz harmlos an. Streng genommen mit der Entscheidung meines Vaters im Juni des vergangenen Jahres, einen Austauschschüler aufzunehmen, während mein jüngerer Bruder ins Ausland ging. Nur eine Bedingung stellte er. Es sollte jemand aus Skandinavien, möglichst Norwegen, sein, weil er eine landschaftliche oder irgendwie emotionale Affinität zu diesem Land hat. Er mag die Ruhe, die Einsamkeit und die gewaltigen Bergmassive an den Fjorden. Wie ein Austauschschüler diese Attribute erfüllen sollte, war mir schleierhaft. Aber wenig später schickte uns die Austauschorganisation die Unterlagen von Marit. Darin schrieb sie, dass sie eine Katze hatte. Wir haben auch eine. Also schien das schon mal zu passen.

An einem tropischen Augustnachmittag war es dann soweit. Ein dunkelhaariges Mädchen in einem schwarzen Mantel und Rollkragenpullover stieg aus dem Zug. Die Verwunderung meiner Mutter über diese bei 35 °C in unseren Augen etwas unzweckmäßige Bekleidung konterte ich mit dem Einwand, dass Marit schließlich Norwegerin sei und damit wohl ein etwas anderes Temperaturempfinden habe als wir. Allerdings sollte ich im Laufe des Jahres lernen, dass dieser Gedanke zwar nicht grundsätzlich falsch war, aber falsch herum gedacht. Als wir schon die Übergangssachen aus den Schränken kramten, war für Marit noch Sommer, der für sie im darauf folgenden Jahr auch viel früher anfing als für uns.

Aber eigentlich geht es gar nicht um das Jahr mit ihr, das sehr schön war, in dem wir Weihnachten erstmals Milchreis aßen, lernten, dass Kjersti, Astrid Lindgren (auch wenn sie Schwedin ist) und Jan Garbarek ganz anders ausgesprochen werden, als wir immer gedacht hatten, und in dem wir das Gefühl bekamen, im Süden zu leben, weil bei uns winzige Weintrauben auf der Terrasse wachsen. Um die vielen Episoden, gemeinsamen Erlebnisse, den schwesterlich geteilten Liebeskummer soll es hier nicht gehen. Es geht um den Abschied, und der war schrecklich. Schon Tage vor Marits eigentlicher Abfahrt lief ich missgestimmt und griesgrämig durch die Welt. Der Rest der Familie täuschte Alltag vor. Wir taten alle so, als gäbe es den 28. Juni in diesem Jahr nicht.

Marit weigerte sich, ihre Koffer zu packen. Sie war den ganzen Tag unterwegs. Musste dies noch erledigen und das. Freunde treffen, im Klosterpark mit ihnen Verstecken spielen, sich von ihnen verabschieden. Ich war wütend. Wütend auf Marit, weil sie nicht da war, wütend auf mich, dass ich mich so aus der Bahn werfen ließ, wütend auf den Schüleraustausch, denn von einem Happy End konnte bei uns ja keine Rede sein, so betrübt, wie wir alle waren, dass Marit wieder nach Hause fuhr und sie selbst erst, die gar nicht wieder nach Hause wollte und doch musste.

Sie passte mittlerweile so gut in unsere Familie und ihren Freundeskreis. Sie sprach ein fantastisches Deutsch mit einer leichten regionalen Einfärbung, wenn sie „jut" statt „gut" sagte. Sie war die jüngere Schwester, die ich immer haben wollte.

Ich hatte mich entschieden, Marit nicht mit zum Bahnhof zu bringen, denn ich mag Abschiede nicht, schon gar nicht, wenn man auf Züge oder Flugzeuge wartet und irgendwann alles gesagt ist. Ich verabschiedete mich am Vorabend von ihr. Die Stimmung im Haus war erdrückend. Marit saß in ihrem Zimmer und klebte noch Fotos für ein Abschiedsgeschenk. Ich zwängte verzweifelt ein paar Sachen in ihren Koffer. Alles passte sowieso nicht rein. Ich versuchte ihr zu erklären, dass das mit dem Abschied alles gar nicht so schlimm sei, schließlich würde sie doch unseren Hausschlüssel mitnehmen und wäre jederzeit willkommen. Eigentlich sagte ich das nur, um mich selbst zu trösten. Wir standen dann noch lange laut schluchzend im Flur. Von Weinen konnte wirklich keine Rede sein. Es war schlimmer als in einer Hollywood-Tragödie. Irgendwann war mein Rücken nass von ihren Tränen. Aber in solchen Momenten gibt es kein Morgen. Es gab nur die Erinnerungen an eine erlebnisreiche gemeinsame Zeit und den Abschiedsschmerz. Irgendwann riss ich mich mit tröstlich gemeinten Worten los und fuhr zu meinem Freund mit dem Gefühl, Marit vielleicht nie wieder zu sehen. Mir auszumalen, dass ich sie drei Jahre später fast auf den Tag genau mit meiner eigenen kleinen Familie in Norwegen besuchen würde, dafür fehlte mir damals jede Fantasie.

Am nächsten Morgen stand ich natürlich auf dem Bahnsteig, so wie auch meine Mutter, deren letzte Sitzung ausgefallen war. Das glaube ich ihr bis heute nicht. Unsere Familie war also doch wieder beisammen, und auch ihre ganze Schulklasse hatte sich eingefunden. Ihre Schulkameraden sahen aus, als gingen sie zu einer Beerdigung und ehrlich gesagt fühlten wir uns alle so. Als der Zug einfuhr, machte Marit keine Anstalten einzusteigen. Andere Austauschschüler, die mit ihr gemeinsam zu einem Abschlussseminar fahren sollten, verabschiedeten sich von ihren Familien und winkten noch. Nur Marit blieb wie angewurzelt auf dem Bahn-

steig stehen. Die Schaffnerin wurde unruhig und bat uns, etwas zu unternehmen. Schließlich stieg sie doch ein. Später erzählte mir Marit, dass sie überlegt hatte, an der nächsten Station gleich wieder auszusteigen und den nächsten Zug zurück zu nehmen. Das hat sie nicht getan.

Als wir nach Hause kamen, herrschte eine unglaubliche Leere im Haus, die sich erst allmählich wieder füllte, als mein Bruder aus dem Ausland zurückkehrte. Aber bis heute ist das Haus erst richtig voll, wenn alle wieder da sind. Inklusive Marit.

3.

ANKUNFT

Die gute Nachricht zuerst: Die Rückkehr in deine alte Heimat nach deinem Austauschjahr muss nicht problematisch sein. Wahrscheinlich ist jedoch, dass deine Ankunft und die unmittelbare Zeit danach einige Schwierigkeiten mit sich bringen werden, nicht nur für dich als Heimkehrer, sondern auch für die Daheimgebliebenen. Auf den folgenden Seiten wollen wir deshalb verschiedene Facetten der Rückkehr aus dem Austausch genauer beleuchten.

Eine einmalige Zeit ist unwiderruflich zu Ende – so scheint es jedenfalls, wenn du den heimatlichen Boden nach dem Passieren der Grenze wieder betreten hast und Sekunden später von den lieben Freunden und Verwandten in die Arme geschlossen wirst. Sie haben dich seit langem erwartet und auch du hast dich, gemischt mit Abschiedsschmerz und dem Wehmut der Trennung von deiner Gastfamilie und den neuen Freunden, bestimmt auf sie gefreut. Doch plötzlich willst du sie am liebsten gar nicht sehen, möchtest noch länger im Niemandsland des internationalen Flughafens verharren, bevor du „wieder da“ bist. Wieder da? Wo? Zu Hause? Wo ist eigentlich „zu Hause“, wenn einem im Ausland die alte Heimat etwas fremd geworden ist? Zwei Welten prallen aufeinander. Die alte Heimat, die plötzlich wieder so nah und doch noch so weit weg ist, und eine neue Welt, die du teilweise mitbringst aus der Ferne und doch zugleich zurücklässt.

3.1 Persönliche Veränderungen

Stell dir vor, plötzlich werden dir all die Veränderungen auf einmal bewusst, die sich während des Jahres mehr oder weniger unbewusst vollzogen haben. Deine Kleidung, die Sprache, Vorlieben, die Art, miteinander umzugehen und die Art, von A nach B zu gelangen, dein Musikgeschmack und vieles mehr. Die ersten Tage und Wochen nach der Rückankunft waren eigentlich für mich die interessantesten der gesamten Rückkehr, denn ich stieß nicht nur allerorts auf mein neues Ich, sondern auch auf mein altes, meine alten Vorlieben, mein altes Leben, das ich fast vergessen glaubte. Für einige Tage und Wochen lebte ich in zwei Welten gleichzeitig – in der einen im Kopf und in der anderen physisch. Ein sonderbares Gefühl war das und die einmalige Gelegenheit, sich mit den Veränderungen zu beschäftigen, die einem selbst und der alten Heimat in diesem einen Jahr widerfahren sind.

Aber schauen wir uns das Ganze zunächst aus einer anderen Perspektive an: In den Gedanken der Menschen zu Hause bist du noch diejenige, die sie vor einem Jahr verabschiedet haben. Deine Veränderungen hat hier niemand miterlebt, genauso wenig, wie du die Veränderungen zu Hause erlebt hast. Deshalb wird deine Umwelt erst noch feststellen, dass und wie du dich verändert hast. Das beginnt meist bei den äußerlichen Veränderungen wie Kleidung, Frisur und Figur. Dann fallen die großen und kleinen sprachlichen Veränderungen und Veränderungen in deinem

Verhalten auf und mit der Zeit werden auch deine inneren Veränderungen wie dein verändertes Denken, veränderte Vorlieben und veränderte Einstellungen bemerkt.

Kleidung

Sicher hast du dich in der einen oder anderen Weise äußerlich verändert. Im Laufe des Jahres hast du dich bewusst oder unbewusst der Mode deines Gastlandes angepasst. Trotz Globalisierung und weltweiter Modemarken gibt es immer noch kleine und feine und gelegentlich auch große Unterschiede. So kommt mancher Austauschschüler mit 20 weiten T-Shirts und mehreren viel zu großen kurzen Hosen aus dem Ausland zurück, nur um festzustellen, dass man hierzulande derzeit eher körperbetonte Kleidung trägt. Wer aus den Tropen kommt, ist wiederum anders angezogen als jemand, der gerade aus dem hohen Norden zurückkehrt. Eine Trachtenbluse aus deinem Gastland, die dir viel bedeutet, mag für Leute zu Hause recht großmütterlich wirken, ein Trainingsanzug zu lässig oder ein weißes Hemd zu förmlich. Es kann also nicht schaden, die eigene Garderobe auf Tauglichkeit und kulturelle Angemessenheit zu überprüfen. Auch ist es übrigens eine gute Idee, sich vor dem Abflug schon mal den Wetterbericht für das Heimatland anzusehen und sich entsprechend zu kleiden, aber das nur nebenbei.

Frisur und Figur

Viele Austauschschüler legen sich im Laufe des Austauschjahres auch eine neue Frisur zu. Wahrscheinlich haben deine Eltern dies schon auf Fotos gesehen. Wenn nicht, solltest du sie vielleicht vorab kurz warnen, damit du am Flughafen nicht übersehen wirst oder deine Eltern dich nicht mit einem ersten Schreck begrüßen.

Typisch für viele Austauschschüler ist auch eine relativ große Gewichtszunahme, übrigens oft unabhängig vom Gastland. Es ist durchaus keine Seltenheit, wenn Austauschschüler im Laufe des Jahres 10 kg oder mehr an Gewicht zulegen. Natürlich gibt es auch einige, die während des Jahres abnehmen oder den Speck des Austauschjahres vor lauter Aufregung noch kurz vor ihrer Rückkehr größtenteils wieder verlieren. Dennoch müssen ein paar Extrakilos kein all zu großer Grund zur Besorgnis sein, denn die meisten Rückkehrer legen die überzähligen Pfunde zu Hause schnell wieder ab. Insbesondere für Jungen gilt auch, dass das Austauschjahr oft ein Jahr großer körperlicher Veränderungen ist. Sie wachsen in dieser Zeit noch merklich und legen, oft begünstigt durch intensive sportliche Aktivitäten, viel Muskelmasse zu. Deshalb ist es in jeder Hinsicht ratsam, deine Eltern schon mal per Bild auf dein neues Ich vorzubereiten. Sei es Frisur, Kleidung oder Aussehen. Viele Eltern kommen mit solchen Überraschungen nicht so gut zurecht. Äußerungen wie „Ach, wie siehst du denn aus!" sind schon manchem Abholer am Flughafen ungewollt über die Lippen gekommen.

Sprache

Eine weitere Auffälligkeit ist die Sprache. Nach einem Jahr, in dem du eine fremde Sprache gelernt und täglich angewendet hast, wird dein Deutsch wahrscheinlich etwas angestaubt sein. Du hast deine Muttersprache vielleicht schon eine Weile nicht mehr wie gewohnt längere Zeit hintereinander gesprochen und sie klingt dir nun hart und ungewohnt in den Ohren. Es kostet Mühe, diese langen Wörter zu sprechen und Sätze zu bilden, bei denen das Verb ganz am Ende steht. Immer wieder verfallen viele Rückkehrer in den ersten Tagen zu Hause wieder in die Sprache des

Gastlandes, ohne es zu merken oder machen Fehler in der Muttersprache, was vor allem Eltern befremdlich und besorgniserregend finden können. Andere Leute werden dies oder einen fremden Akzent bei dir vielleicht sogar als eingebildete Aufschneiderei abtun. Auch auf solche Reaktionen solltest du gefasst sein. Selbst dann, wenn dir deine Muttersprache schon wieder fließend über die Lippen kommt, wirst du trotzdem manchmal lange nach einem passenden Wort für eine bestimmte Sache suchen, nur um festzustellen, dass es eine genaue Entsprechung in der eigenen Sprache gar nicht gibt. Das gilt auch für viele Redewendungen, Körpersprache oder Mimik. In solchen Fällen helfen dann nur kreative Umschreibungen. Die anfänglichen Sprachschwierigkeiten geben sich jedoch schnell, oft allerdings auf Kosten der Fremdsprachenkenntnisse, wenn man nicht aktiv etwas für deren Erhalt tut.

Verhalten

Mit Sicherheit hast du dich nicht nur äußerlich verändert. Aber Veränderungen des Verhaltens und der Persönlichkeit fallen fremden Augen nun einmal nicht so auf wie Kleidung, Aussehen und Frisur. In den ersten Tagen nach der Rückkehr werden sich jedoch Schritt für Schritt zusehends mehr dieser versteckten Veränderungen offenbaren. Aufmerksamen Eltern wird auffallen, dass sich ihr Kind in vielerlei Hinsicht mehr verändert hat, als zuerst äußerlich wahrgenommen. Du hast dich bewusst oder unbewusst vielen Gepflogenheiten und Sitten deines Gastlandes angepasst. Manche davon sind Gewohnheiten, die du zu Hause bald wieder ablegen wirst, weil sie nicht in dein Leben nach dem Austausch passen. Schließlich macht es auf Dauer keinen Spaß, allein vor einem vollen Mate-Becher oder einem Baseballspiel im Fernsehen zu sitzen (falls überhaupt welche übertragen werden).

„Das vermeintliche Ende des Austausches ist der Anfang eines neuen Lebens."

Andere Sitten und Gewohnheiten der Menschen deiner Gastumgebung sind dir wiederum so in Fleisch und Blut übergegangen, dass du noch lange daran festhalten wirst, auch wenn sie sich vielleicht manchmal mit heimischen Gepflogenheiten reiben. Das können zum Beispiel kleine Komplimente für einen Fremden oder ein unkomplizierter Umgang mit Zeit und Pünktlichkeit sein.

Innere Veränderungen

Aber es gibt noch eine weitere Ebene von Veränderungen. In dir selbst. Du trägst einige der Vorstellungen, Werte, Meinungen und Lebenseinstellungen deiner Gastumgebung in dir, die du während deines Austauschjahres kennen gelernt hast. Einige davon würdest du vielleicht gern im Gastland zurücklassen, andere trägst du gern im „Gepäck". Diese inneren Veränderungen durch ein Austauschjahr können weit reichende Folgen haben und nicht zuletzt Einfluss auf deine Partner- und Berufswahl, deine Religionszugehörigkeit und Lebenseinstellungen nehmen. Im Laufe der Zeit werden dir und deinen Eltern viele dieser kleinen und großen Veränderungen auffallen, die sich auf das Austauschjahr zurückführen lassen. Dieser Prozess der Wiederanpassung, aber auch Weiterentwicklung in eine neue Richtung dauert Tage, Wochen, Monate und Jahre. Das vermeintliche Ende des Austauschs ist somit der Anfang eines neuen Lebens, in dem es noch viel zu entdecken, zu beherrschen und zu verändern gilt. Aber zugegeben, dafür reichen die ersten Tage zu Hause natürlich nicht. Das kommt später.

Was bringt's? *von Mike Raube*

Seit Jahren beschäftigt mich die Frage, was so ein Austauschjahr bringt. Nun ist es nicht gerade so, als ob es mich selbst noch großartig interessieren würde, denn die Frage habe ich längst für mich beantwortet (Was wäre mein Leben ohne?). Aber die Leute in meiner Umgebung fordern Antworten. Da wäre zum Beispiel meine Mutter, die zum einen (und noch immer) meine Rastlosigkeit kritisiert, mit der ich dem immer mal wieder aufs Neue ausbrechenden Fernweh nachgebe. Zum anderen, und das ist der weitaus kritischere Teil unserer Beziehung, wären da die vielen kleinen Angewohnheiten zu nennen, die ich aus meinem Austauschjahr mitgebracht habe. Als Kardinalsbeispiel dieser Mitbringsel müssen zumeist die offen stehenden Türen herhalten, da der Besuch nach Ansicht meiner Mutter von der Haustür aus ja nicht unbedingt den freien Blick bis ins (unbesetzte!) Bad genießen muss.

Aus Sicht meiner Mutter verhalte ich mich nach einem Austauschjahr also in einigen Dingen sogar unkorrekter als vorher. Hier ist unbedingt auch das Grüßen als Beispiel zu nennen. Es war doch zu schön, im Jahr meiner Rückkehr das grimmige „Auf Wiederseh'n!" der grummeligen Verkäuferin im Supermarkt durch ein mir lieb gewordenes „Einen schönen Tag noch!" zu ergänzen, das übrigens von „Have a nice day." kommt. Nun, vor ein paar Jahren war ich in unserem kleinen Laden der Einzige mit dieser Vorliebe. Aber steter Tropfen höhlt den Stein. Irgendwann fing die Verkäuferin zumindest auch an zu lächeln und der Kunde hinter mir bekam dann zumeist noch etwas von dieser Freundlichkeit ab. Nur meiner Mutter war es immer peinlich und sie schubste mich von hinten von der Kasse weg und durch die Tür nach draußen. In der Zwischenzeit müssen in unserem Supermarkt viele Austauschschüler eingekauft haben, denn einen schönen Tag wünschen sich jetzt viele. Man darf hoffen, dass bald mehr Austauschschüler nach Argentinien geschickt werden, denn da darf man den Frauen einen richtigen Kuss zur Begrüßung auf die Wange geben. Nicht nur angetäuscht, wie man vielleicht denkt. Das wäre doch ein Beitrag zur Begrüßungskultur …

Nach meinem Austausch habe ich mich jedoch nicht nur anders verhalten, sondern auch anders gedacht. Oft auch mal anders als die Menschen in meiner Umgebung. Am Anfang zum Beispiel nur zweitsprachlich. Das hieß in meinem Fall auf Englisch. Kurz nach meiner Ankunft am Flughafen konnte ich zum Beispiel noch genau zwei Worte aus meinem ansonsten umfangreichen deutschen Wortschatz abrufen. Zum Glück haben dieses „O.k." und „Hallo" für die erste Begrüßung ausgereicht. Dass ich nicht mehr ordentlich sprechen, d.h. keinen vernünftigen deutschen Satz mehr formulieren konnte, hat meiner Familie einen kleinen Schreck eingejagt. Auch habe ich am Anfang öfter daran gedacht, meinen Eltern und Geschwistern ab und an zu sagen, dass ich sie wirklich sehr gern habe. Als mich meine Schwester auf eine solche „Liebesbekundung" hin zum Fachmann schicken wollte, habe ich es fortan beim Denken belassen. Heute, nach Jahren, lässt sie mir meinen Tick manchmal durchgehen, ohne sich gleich nach professioneller Hilfe für mich umzusehen und ich glaube fast, es gefällt ihr sogar auch ein wenig.

Und noch ein Beispiel für die Veränderungen durch den Austausch. Manchmal denke ich, dass es eine ökologische Narrheit ist, ein die meiste Zeit doch nur herumstehendes Auto zu besitzen. Manchmal denke ich, dass es besser wäre, den fair gehandelten Kaffee zu kaufen. Und manchmal denke ich, dass man, anstatt mit all den anderen über Einwanderungsbedarf oder Heimatschutz zu diskutieren, in die Welt ziehen müsste, um zu schauen, warum Menschen andere Völker offenbar nicht mögen oder warum Menschen überhaupt ihre Heimat verlassen wollen. So ganz freiwillig wird es wohl nicht sein, denn wer verlässt schon gern ohne Grund und für immer eine lieb gewonnene Heimat? Aber solche Gedanken passen natürlich nicht in unsere Welt und werden deshalb irgendwo im Hinterkopf abgelegt und nur ganz selten in die Tat umgesetzt. Jede Veränderung, auch die eines Austauschschülers, kann halt an ihre Grenzen stoßen. Leider.

3.2 Das Wiedersehen

Deine Eltern, Geschwister und Freunde haben sicher sehnsüchtig auf dich gewartet und begrüßen dich mit überschwänglicher Freude. Viele Eltern malen sich die Rückkehr ihrer Kinder bis ins kleinste Detail aus, auf unterschiedliche Art und Weise und manchmal schon Wochen vorher. Sie bringen ihre Erwartungen zum Bahnhof oder Flughafen mit und können leicht überrascht oder gar enttäuscht werden, wenn diese nicht erfüllt werden.

Du musst deinen Eltern also ein wenig helfen! Nichts ist enttäuschender als eine Willkommensparty, bei der die Hauptperson bereits um 21.00 Uhr völlig erschöpft im Bett liegt. Klärt vorher, wer zum Flughafen kommt, um dich abzuholen, wann du dich mit Freunden treffen willst und wann Zeit für einen Besuch bei Oma ist. Vielleicht möchtest du zuerst allein mit dem Fahrrad durch deine Heimatstadt fahren, um in Ruhe zu sehen, was sich verändert hat. So ging es mir. Vielleicht möchtest du nur endlich wieder in den Armen deines Freundes oder deiner Freundin liegen und die neu gefundene Zweisamkeit genießen. Vielleicht willst du auch erstmal versäumten Schlaf nachholen, um dann mit deiner Familie wie immer ausgiebig Kaffee zu trinken, selbstgebackenen Kuchen zu essen und von deinen Erlebnissen zu erzählen. Wichtig ist, gegenseitige Erwartungen zu kennen, um Enttäuschungen zu vermeiden, denn gerade unerfüllte Erwartungen können die Rückkehr für alle Beteiligten zu einem unglücklichen Erlebnis machen. Aus diesem Grund kann es sinnvoll sein, sich vor dem großen Wiedersehen ein paar Gedanken zu machen.

Übung:
Wie stelle ich mir meine Heimkehr vor? Kenne ich die Erwartungen meiner Familie und meiner Freunde? Was könnten die Erwartungen meiner Eltern, meiner Geschwister oder meiner Freunde sein? Habe ich mit ihnen besprochen, wie die Tage meiner Rückkehr aussehen werden? Wie möchte ich das Wiedersehen mit den folgenden Personen gestalten und wann?

Eltern und Geschwister:

....

....

....

....

Freunde:

....

....

....

....

Verwandte:

....

....

....

....

Lehrer:

....

....

....

....

Andere:

....

....

....

....

Manchmal erweist sich ein gemeinsamer Urlaub mit der eigenen Familie als eine gute Gelegenheit, sich wieder aneinander zu gewöhnen und ausgiebig vom Austausch zu erzählen, ohne dass verschiedene andere Personen, Freunde und Verwandte schon wieder Ansprüche an dich stellen. Umgekehrt können deine Eltern dir viel von dem berichten, was in deiner Abwesenheit zu Hause passiert ist, denn auch hier ist das Leben nicht stehen geblieben, selbst wenn es so scheinen mag. Für andere Austauschschüler ist so ein gemeinsamer Urlaub jedoch nicht so angenehm, weil er ihnen die Chance nimmt, vorher richtig anzukommen. Sie befinden sich in Gedanken und im Erleben ohnehin noch zwischen den Welten und fühlen sich durch den Urlaub in ihrem Übergang von der einen Heimat in die andere eher gestört. Ein berühmtes Sprichwort lautet: „Der Körper reist schneller als die Seele. Man muss ihr Zeit geben, um anzukommen."

„Na, wie war's in ...?"

... ist mit Sicherheit die Frage, die einem Austauschschüler nach seiner Rückkehr am häufigsten gestellt wird. Doch wie soll man das Erlebte in wenigen Sätzen darstellen? Du bist mit einem Schatz an neuen Erfahrungen und Erlebnissen aus dem Ausland zurückgekehrt und möchtest jetzt deiner Familie, Freunden und Bekannten davon erzählen. Einige sind wirklich an deinen Erlebnissen interessiert, andere fragen dich eher aus Höflichkeit und sind zufrieden mit der Antwort, dass dein Austauschjahr nett, toll und erlebnisreich war. Aber auch all jene, die dir bereitwillig zuhören, werden nicht auf Dauer Interesse an deinen Geschichten haben. Selbst die aufmerksamsten Zuhörer verlieren irgendwann die Geduld. Wer kann auch schon von ihnen verlangen, dein Lebensgefühl, das du in einem Jahr entwickelt und kennen gelernt hast, nachzuempfinden?

Du wirst als Rückkehrer mit vielen deiner Erlebnisse und Veränderungen allein bleiben. Für dich ist das empfundene mangelnde Interesse deiner Umwelt natürlich mitunter schmerzlich, aber bedenke, dass viele Außenstehende deine Erlebnisse nicht selbst erfahren haben und ihnen somit das Verständnis für deine Situation einfach fehlen muss. Die ersten Tage und Wochen nach deiner Rückkehr aus dem Austausch können also trotz allen Trubels recht einsam sein. Nicht selten suchen Rückkehrer deshalb auch Kontakt zu anderen ehemaligen Austauschschülern, mit denen sie das Erlebte wirklich teilen können.

Einige Austauschschüler reagieren auf das mangelnde Verständnis ihrer Umwelt aber auch angriffslustig. Sie vertreten dann allzu aggressiv die im Ausland erworbenen Ansichten, erzählen von Rückkehrplänen und kritisieren das Leben ihrer Familie oder ihres Umfeldes auf Schritt und Tritt. Damit kann man jedoch schnell auf Ablehnung und Unverständnis bei Freunden oder Familie stoßen. Ein solches Verhalten kann arrogant wirken, weil es anderen das Gefühl vermittelt, man sei den Daheimgebliebenen durch das Austauschjahr weit voraus. Deshalb solltest du nicht vergessen, dass auch sie etwas in deiner Abwesenheit erlebt haben, was für sie nicht minder wichtig war. Auch deine Mitmenschen haben ein Jahr ihres Lebens gelebt. Stelle ihnen Fragen dazu, denn auch sie haben viel zu erzählen.

3.3 Erste Eindrücke

Die ersten Eindrücke nach einem Jahr Abwesenheit können sehr intensiv und einprägsam sein. Ich selbst habe die Tage meiner Rückkehr erlebt, als säße ich als Zuschauer im Kino. Überall Hinweisschilder und Wegweiser auf Deutsch, die exakt auf ihr Ziel verwiesen. Eigentlich schade, denn nach dem Weg zu fragen und dabei in ein interessantes Gespräch über meine Herkunft und europäischen Fußball verwickelt zu werden, fällt damit nun wieder aus. Briefkästen sind nicht mehr rot oder blau, sondern wieder gelb. Bäckerläden bieten ein schier unglaubliches Angebot an Brotsorten und Kuchen. In U-Bahn-Stationen und Kaufhäusern gibt es Rolltreppen, auf denen die Menschen in Reih und Glied stehen und links für diejenigen frei lassen, die es eilig haben. Die Liste der kleinen und großen Unterschiede, die mir bei meiner Rückkehr auffielen, ist endlos. Sie fing mit dem Frühstückskaffee an und hörte mit den Spätnachrichten im Fernsehen auf. Plötzlich merkte ich ganz deutlich, meine alte und neue Heimat sind wirklich verschieden.

Doch mir fielen nicht nur die offensichtlichen Unterschiede zwischen meinen beiden Welten ins Auge, sondern auch die subtilen Veränderungen, die sich hier in der Zwischenzeit ereignet hatten. Irgendwie war alles bekannt und doch nichts so, wie ich es in Erinnerung hatte. Denn schließlich ist auch in der Heimat die Zeit nicht stehen geblieben. Das wirst du schnell merken, auch wenn es auf den ersten Blick nicht so erscheint: Wo früher ein kleiner Friseursalon war, ist jetzt ein Computerladen, wo noch vor einem Jahr eine Baulücke prangte, steht mittlerweile ein fünfgeschossiges Wohnhaus und der alte verschlungene Trampelpfad am Fluss wurde zu einem betonierten Fahrradweg ausgebaut. Vielleicht ist deine Familie in der Zwischenzeit umgezogen oder hat dein altes Zimmer neu gestrichen und umgeräumt.

Aber nicht nur Orte können sich verändert haben. Was einem das Gefühl von Vertrautheit, Sicherheit, Zugehörigkeit gibt, sind die Menschen, mit denen man einen großen Teil des eigenen

Lebens verbracht hat, die einen kennen und akzeptieren, so wie man dies umgekehrt auch tut. Doch auch und gerade Menschen verändern sich, während man abwesend ist: Die Nachbarsfamilie gegenüber ist ausgezogen und die eigene jüngere Schwester benimmt sich auf einmal wie ein verwöhntes Einzelkind. In den ersten Tagen nach der Rückkehr begegnet man vielen bekannten Gesichtern, aber wenigen wirklich vertrauten Menschen.

Übung:

Was hat sich äußerlich an deinem Wohnort verändert? Welche Veränderungen hast du an anderen wahrgenommen? Was ist neu?

....

....

....

....

....

Aber alles wäre nicht so kompliziert, wenn es nur allein diese Veränderungen in deiner Umgebung gäbe. Schließlich hast gerade du dich in deinem Austauschjahr verändert und weiterentwickelt. Dies hat zur Folge, dass du dein eigenes Zuhause plötzlich mit anderen Augen siehst. Manches sticht heraus, was dir früher nie aufgefallen war und den Menschen hier nicht auffällt, weil es für sie ja das Normalste der Welt ist: Der Verkehr auf der dreispurigen Autobahn treibt dir jetzt den Angstschweiß auf die Stirn, während dein Vater locker ein Auto nach dem anderen überholt und dabei selbst von Rasern eingeholt wird, die noch schneller unterwegs sind als er. Aber im Vergleich zum Autoaufkommen in Montana ist hier die Hölle los. Oder du denkst zurück an die Garage deiner Gastfamilie mit den zwei überdimensionierten

Kühlschränken und fragst dich, wie deine Familie hier, mit ihrem vergleichsweise winzigen Kühlschrank ausgestattet, auskommen kann. Du wunderst dich, warum am Sonntag kein Geschäft geöffnet hat oder warum die Leute über den Bus schimpfen, der sich 10 Minuten verspätet hat. Andere Dinge wiederum haben für dich an Bedeutung verloren oder ihre Bedeutung geändert. Wie hätte man sich geärgert, wenn auf einer öffentlichen Toilette kein Klopapier vorhanden wäre. Aber seit du in Ecuador gelebt hast, kannst du darüber nur lächeln, weil du immer eine kleine Ersatzrolle im Rucksack dabei hast. Zugverspätungen sind kein Ärgernis mehr, weil du froh bist, dass überhaupt Züge fahren. Was dir früher unpünktlich erschien, ist heute toller oder überflüssiger Service. Was du früher als Chaos bezeichnetest, ist heute Ordnung. Krach ist heute angenehme Stille, seit du in Bangkok gelebt hast. Leere der Kleinstadt hat sich vielleicht in ein Gefühl der Übervölkerung verwandelt, weil du dein Austauschjahr auf einer großen Farm in Neuseeland verbracht hast. Eigentlich hat sich zu Hause nichts wirklich in sein Gegenteil verkehrt. Nur du siehst die Welt jetzt mit anderen Augen. Du nimmst deine alte Heimat vor deinem neuen Erfahrungshorizont wahr und betrachtest sie durch eine andere Brille.

Übung:

Gibt es Merkmale deiner alten Heimat, die du heute, nach deiner Rückkehr anders wahrnimmst? Welche sind das?

Und auch das ist noch nicht alles. Neben den großen und kleinen Veränderungen und neben der neuen Perspektive auf alte Gegebenheiten wirst du auch mit deinem Verhalten ab und zu anecken.

Im Alltag machen wir viele Dinge gewohnheitsmäßig, unbewusst und instinktiv. Wenn man ins Ausland geht, merkt man meist sehr schnell, dass man mit den vertrauten Verhaltensmustern der eigenen Kultur vielfach anstößt oder ungeschriebene Regeln verletzt. Während deines Austauschjahres musstest du dich an das Leben deiner Gastfamilie anpassen. Aus der Heimat bekannte Verhaltensmuster wurden durchbrochen, verändert, weiterentwickelt, vergessen und zum Teil verlernt. Dafür hast du während des Jahres andere Verhaltensweisen neu erlernt, verinnerlicht und automatisiert, die dem Leben in deiner Gastumgebung angemessen sind. Bei der Rückkehr merkst du dann bald ebenso schnell, dass viele dieser neuen Angewohnheiten so gar nicht in das heimatliche Umfeld passen. Für das ständige Lächeln im Gesicht erntet man verständnislose Blicke von griesgrämigen Passanten. Die Versuche, Gott vor dem Essen für das Mahl zu danken, sorgen für Verunsicherung bei der eigenen Familie, die befürchtet, man sei zum religiösen Fanatiker geworden. Und das ängstliche Verriegeln sämtlicher Autotüren noch vor dem Losfahren wird höflich belächelt und mit dem Hinweis beantwortet, man lebe in einem kleinen Dorf, nicht in Kapstadt.

Du hast dich verändert und auch in deiner Heimat ist nicht mehr alles, wie es mal war. Du wirst dich erst wieder eingewöhnen müssen, so wie auch deine Umwelt sich erst an deine veränderte Persönlichkeit gewöhnen muss. Für eine Weile wirst du dich in deiner alten Heimat fremd fühlen, nur ist das Gefühl des Fremdseins zu Hause alarmierender als im Ausland, wo man es erwartet. Keiner würde vermuten, sich an sein Zuhause erst wieder anpassen zu müssen. Du wirst einige der dir ehemals so vertrauten Verhaltensweisen erneut erlernen müssen, um in deinem Heimatland wieder richtig funktionieren zu können. In mancher Hinsicht ist der Rückkehrer mit einem Baum vergleichbar, den man zeitweise verpflanzt hat. Die umstehenden Bäume und Pflanzen sind in der Zwischenzeit gewachsen und haben den entstandenen Platz um sich herum genutzt, um sich selbst weiter zu entfalten. Aber auch der umgepflanzte Baum hat neue Äste getrieben und alte verloren. In die Lücke, die er einst hinterlassen hat, passt er nun nicht mehr ohne weiteres hinein. Einige Triebe müssen gestutzt werden, andere werden in eine neue Richtung wachsen, wo jetzt Platz ist.

Dageblieben *von Birgit Thede*

Der folgende Bericht handelt von unserer Tochter Ann Cathrin, die nach ihrem Austauschjahr im Ausland geblieben ist. So fing alles an:

Ihr Bruder erhielt im März 1996 die Zusage einer Austauschorganisation für ein Schuljahr in den USA. Daraufhin entschloss sich Ann, an einem Schüleraustausch für vier Wochen in der Nähe von Washington teilzunehmen, um hinterher festzustellen: „Ein Jahr lang mache ich es ganz bestimmt nicht!"

Ihr Bruder kehrte nach einem problemlosen Jahr im Juli 1997 zurück. Sie widmete sich ihrer kirchlichen Arbeit, dem Dritte-Welt-

Laden, den Pfadfindern und der Redaktion ihrer Schülerzeitung. Über diese Zeitung wurde sie vom Europaabgeordneten zu einem Seminar nach Brüssel eingeladen. Hier ist dann sicherlich ihr Bewusstsein für Europa geweckt worden, und sie bewarb sich für ein Austauschjahr in den BENELUX-Staaten.

Im August 1999 ging es für sie nach Doetinchem, einer kleinen Stadt in den Niederlanden, nur 12 Kilometer von der deutschen Grenze und Nordrhein-Westfalen entfernt. Ein Heimspiel war es am Anfang nicht, aber sie lebte sich gut in ihrer Gastfamilie ein. Ihr Gastvater war Chirurg am örtlichen Krankenhaus, ihre Gastmutter fürsorgliche Hausfrau, ihre gleichaltrige Gastschwester ging mit ihr in eine Klasse. Und es gab noch drei ältere Brüder, die alle nicht mehr zu Hause wohnten. Mit ihrem eigenen älteren Bruder hat sie nie viel unternommen, mit ihren Gastbrüdern schon. Sie zeigten ihr die niederländischen Universitätsstädte und die Universitäten …

Kurz vor Weihnachten 1999 – Ann Cathrin war jetzt 4 Monate im Austausch – erzählte sie am Telefon von Aufnahmeprüfungen an den Unis. Wir hielten es für etwas verfrüht, diese schon jetzt zu absolvieren, da sie nach ihrer Rückkehr nach Deutschland am Ende des Austauschjahres noch zwei Schuljahre bis zum Abitur vor sich haben würde. Sie aber sah die Sache ganz anders. Schule war für sie schon seit der siebten Klasse kein wirkliches Thema mehr. Sie sehnte den Tag herbei, an dem sie ihre Bücher für immer in eine Kiste auf dem Dachboden verbannen konnte. Der Realschulabschluss in Deutschland reichte ihr. Das Abitur hatte sie bereits gedanklich ad acta gelegt. Mit dem Abschluss der 10. Klasse in Deutschland und dem noch nicht beendeten 11. Schuljahr in den

Niederlanden bewarb sie sich an den Hochschulen von Utrecht und Nijmegen für ein Logopädiestudium.

Da das niederländische Schulsystem nur 12 Schuljahre vorsieht, erwirbt man nach der 11. Klasse die Fachhochschulreife, was ihren Plänen sehr entgegenkam. Im März 2000 erhielt sie die Zusage von beiden Hochschulen. Die Entscheidung war für Ann Cathrin klar. Sie würde gleich im Anschluss an ihr Austauschjahr in den Niederlanden studieren. Wir haben ihr diese Pläne nie ausgeredet. Sicher spielte die geringe Entfernung eine Rolle. Von unserem Wohnort in Schleswig-Holstein sind es gerade 430 km oder vier Stunden mit dem Auto. Selbst nach München wäre es weiter, ganz zu schweigen von Australien oder den USA. Wenn sie die Entscheidung dazubleiben dort gefällt hätte, hätten wir sicher versucht, sie umzustimmen. Ehrlich gesagt waren wir stolz auf sie, weil sie alles allein organisiert und gemeistert hatte.

Während sich andere Austauschschüler im späten Frühjahr auf die Rückkehr in ihr Heimatland vorbereiteten, kümmerten unsere Tochter und wir uns also um die Organisation ihres Studiums, viel früher und anders als wir je erwartet hatten. Eine Unterkunft musste gefunden werden, die Finanzierung geklärt und unzählige Papiere kopiert werden. Die Austauschorganisation hatte keine Einwände, da Ann Cathrin ihr Austauschjahr regulär beendete und am Abschlussseminar teilnahm. Im Juni 2000 kehrte Ann Cathrin nach Deutschland zurück – jedoch nur für sechs Wochen. Sie meldete sich von der Schule ab und erledigte andere Formalitäten.

Mitte August – andere Austauschschüler aus ihrem Jahrgang begannen gerade, sich wieder einzuleben – zog sie dann mit den nötigsten Sachen und einem Fahrrad im Gepäck nach Nijmegen. Zunächst konnte sie vorübergehend bei einer anderen ehemaligen Austauschschülerin wohnen, einer Deutschen, die ebenfalls in den Niederlanden studierte. Ihre Gastmutter hätte sie gern wieder im Haus gehabt, aber das wollte Ann Cathrin nicht. Deshalb zog sie für sechs Monate in eine Wohngemeinschaft. Ein Zimmer von der niederländischen Studentenvereinigung war noch immer nicht in Aussicht! Die private Suche war sehr schwierig und langwierig, aber endlich hatte Ann Cathrin Glück und fand eine nette WG. Dort lebt sie nun seit April 2001 und studiert Logopädie.

Ihr Praktikum im dritten Jahr hat sie in Hamburg gemacht. Für fünf Monate wohnte sie hier im Wechsel bei einem Freund und uns. Die Zeit in Deutschland wurde ihr als Auslandspraktikum anerkannt, da sie ja durch ihren ständigen Wohnsitz in Nijmegen bei den Dozenten als Niederländerin gilt. Und so fühlt sie sich mittlerweile auch. Sie hofft, in einem Jahr die niederländische Staatsbürgerschaft zu erhalten, da mittlerweile für sie feststeht, dass sie dauerhaft in Holland bleiben möchte. Die Bindungen nach Deutschland sind natürlich noch da – wir sehen uns alle zwei Monate und durch die Entfernung ist der Kontakt zwischen uns sogar noch enger geworden – aber zu Hause fühlt sie sich jetzt in den Niederlanden.

Wir haben unsere Tochter bei der Durchsetzung ihres Berufswunsches unterstützt. Dass sie kein deutsches Abitur haben würde, hat uns nie besorgt. Mit dem Diplom in den Niederlanden verfügt sie über einen Hochschulabschluss, den sie so in Deutschland nicht hätte machen können. Wir haben es bisher nicht als negativ empfunden, dass sie in den Niederlanden geblieben ist. Vielleicht ist sie früher aus dem Haus gegangen, als wir gedacht hatten, aber sie lebt sehr gerne in Holland. Das Austauschjahr hat sie abgeschlossen, wenn auch anders als die meisten Austauschschüler. Mittlerweile habe ich von mehreren Ehemaligen gehört, die unmittelbar nach ihrem Jahr wieder in die Niederlande zurückgegangen sind. Es ist wohl nicht nur die geografische Nähe, die sie dort hinzieht …

Durch unsere Kinder und die ehrenamtliche Mitarbeit im Verein ist auch unsere Welt viel größer geworden. Wir haben viele Kontakte weltweit geknüpft. Seit zwei Jahren lerne ich an der Volkshochschule Niederländisch, dank Ann Cathrin, denn ich möchte mich mit ihren Freunden unterhalten und ohne Hilfe in ihrem neuen Heimatland auf Entdeckungsreisen gehen können. Wir können die Entscheidung unserer Tochter verstehen und würden als Eltern wieder so entscheiden!

Die räumliche Nähe zum Gastland kann für den späteren Kontakt zu Freunden und Gastfamilie ein Glücksfall sein, denn sie macht gegenseitige Besuche einfacher. Vielleicht erleichtert sie es auch den Eltern, ihr Kind so früh schon gehen zu lassen. Doch es gibt auch eine Kehrseite der Medaille: Wer die Chance nutzen möchte, unmittelbar nach seinem Austauschjahr in das Gastland zurückzukehren und sein weiteres Leben dort zu verbringen, verzichtet gleichzeitig auf eine der wesentlichen Erfahrungen seines Austauschjahres. Denn erst durch den mit der Rückkehr verbundenen kulturellen Kontrast ist es möglich, seine eigenen Veränderungen wirklich bewusst und tiefgründig zu erfahren.

„Zu Hause bin ich da, wo mein Herz ist."

Erst durch die Rückkehr erlebt ein Austauschschüler, dass eine kulturelle Heimat nicht zeitlebens festgelegt und nicht selbstverständlich ist, sondern dass man sich von ihr entfremden, sich aber auch wieder einleben kann. Diese Erkenntnis klingt simpel. Wer die mit der Rückkehr und der Wiederanpassung verbundenen Erfahrungen und Erlebnisse gemacht hat, wird sich an deren Zauber und Einmaligkeit immer zurückerinnern, auch wenn es keine einfache Zeit im Leben ist.

Tipps für eine weiche Landung – Die Ankunft

Tipps für Austauschschüler

Gegenseitige Rücksicht und Einfühlungsvermögen

Auch wenn deine Eltern dich physisch wieder haben, befürchten sie doch, dich als Sohn oder Tochter an eine fremde Familie verloren zu haben, die dir einfach viel mehr bieten kann. Gegenseitige Rücksicht und Respekt sind gerade in der Zeit der Wiederanpassung wichtig.

Familie und Freunde haben Erwartungen

Familie und Freunde freuen sich auf die Rückkehr, aber sie haben auch konkrete Erwartungen an dich als Rückkehrer. Verwandte wollen gern besucht werden und zumindest einen kurzen Bericht von den Eindrücken. Gleichzeitig wird erwartet, dass du wieder Pflichten im Haushalt und Alltag übernimmst.

Probleme, die du zurückgelassen hast, warten auf dich
Vor manchen Problemen kann man weglaufen. Manche lösen sich zwar durch Aussitzen im Laufe der Zeit. Andere warten jedoch geduldig auf dich bis zur Rückkehr.

Keine voreiligen Schlüsse über deine Heimat und Menschen dort ziehen
Als Rückkehrer nimmst du deine Heimat zunächst durch die Brille deiner Gastkultur wahr. Ehemals Vertrautes ist dir fremd geworden und ehemals Fremdes vertraut. Du hast Vorzüge des Gastlandes im Vergleich zum Heimatland kennen und schätzen gelernt, die du in der Heimat nun vermisst. (Die Nachteile des Gastlandes verdrängt man in dieser Zeit gern bis auf weiteres.) Das bedeutet jedoch nicht, dass Land und Leute an sich weniger interessant sind als in deinem Gastland. Auch das scheinbar oberflächliche Interesse der eigenen Landsleute an den Erlebnissen im Ausland ist kein zuverlässiger Gradmesser für die vermutete Ignoranz. Dein Austauschland und die Erlebnisse während deines Austauschjahres gehören nicht zu ihrem Alltag. Deshalb ist es für die Menschen in deiner alten Heimat auch sehr schwierig oder gar unmöglich, die „richtigen" Fragen zu stellen.

Nicht schon auf dem Flughafen von Rückkehrplänen erzählen
Natürlich hat man einen Plan B im Koffer und überlegt wie und wann man schnellstmöglich wieder in das Gastland zurückkehren kann. Familie und Freunde fühlen sich durch solche Pläne, zumal wenn sie direkt nach der ersten Umarmung auf dem Flughafen geäußert werden, häufig verletzt. Sie haben sich schließlich lange darauf gefreut, den Rückkehrer endlich wieder „bei sich" zu haben. Als Austauschschüler solltest du dir bewusst machen, dass

du für die Entscheidung, wo du einmal dein Leben verbringen möchtest, auch mit ein wenig Abstand treffen kannst. Vielleicht sogar besser.

Prioritäten setzen
Nach der Rückkehr sind nicht nur der Koffer auszupacken und Oma zu besuchen. Auch wichtige Behördengänge etc. können anstehen. Deshalb empfiehlt es sich, für die erste Zeit eine Prioritätenliste zu machen, statt alles auf einmal erledigen zu wollen.

Tipps für Eltern und andere Betroffene

Keine großen Überraschungen
Die wenigsten Rückkehrer schätzen Überraschungen bei ihrer Rückkehr. Eine Überraschungsparty ist zwar lieb gemeint, aber häufig feiern die alten Freunde allein, weil der Rückkehrer, erschöpft von Abschied und Zeitverschiebung, längst im Bett verschwunden ist. Auch ein Zimmer, das während der Abwesenheit ohne Wissen des Rückkehrers umgestaltet wurde, muss nicht automatisch auf Begeisterung stoßen, vor allem dann nicht, wenn er sich auf sein altes Reich gefreut hat.

Verständnis für ungewöhnliche Angewohnheiten
Rückkehrer kehren nicht nur mit Erinnerungen, Erfahrungen und neuen Erwerbungen zurück, sondern auch mit Angewohnheiten, die mitunter zu Hause auf wenig Verständnis und Gegenliebe stoßen. Einige dieser „Macken“, wie Außenstehende sie manchmal beschreiben, geben sich nach einer Zeit von selbst. Manchmal reicht beispielsweise auch ein Hinweis auf hohe Strom- und Wasserpreise, um einen Rückkehrer daran zu erinnern, dass zu Hause

nicht unter fließendem Wasser abgewaschen wird und man das Licht beim Verlassen eines Zimmers ausmacht.

Nicht mit Besuchen und Besuchswünschen überhäufen
Rückkehrer brauchen Zeit, sich wieder an die Heimat zu gewöhnen. Vor allem Tanten und Omas machen gern Besuchsrechte geltend, weil sie Nichte oder Neffe, Enkel oder Enkelin so lange nicht gesehen haben. Man macht es dem Rückkehrer leichter, wenn man dabei auch auf seine Wünsche eingeht und sich miteinander abstimmt.

Nicht gleich mit Verpflichtungen überhäufen
Alltag ist die beste Medizin gegen Verdruss, möchte man meinen, aber auch wenn sich die Familie darauf freut, die häuslichen Aufgaben wieder auf zwei Schultern mehr verteilen zu können, gilt auch hier: Eine Verschnaufpause lassen, damit die ohnehin schwierige Zeit der Rückkehr nicht noch durch zusätzliche Belastungen erschwert wird. Das heißt jedoch nicht, dass Rückkehrer ausschließlich mit Samthandschuhen anzufassen sind.

4.
IM NIEMANDSLAND

Du bist zurück, aber noch nicht wieder da. Wo eigentlich ist mein Zuhause, fragst du dich vielleicht eines Tages nach deiner Rückkehr. Von deinem neuen Zuhause hast du dich verabschiedet, vielleicht mit der Gewissheit, es so bald nicht wieder zu sehen. Und hier? Die Heimat ist nicht mehr das, was sie einmal war. Du hast dich verändert, die Menschen hier haben sich verändert. Nach einigen Tagen ist deine Rückkehr schon nichts Besonderes mehr. Das Leben zu Hause erscheint dir vielleicht sogar langweilig im Vergleich zu den Herausforderungen im Gastland, wo ohnehin fast alles irgendwie besser war. Und du vermisst deine Gastfamilie und Freunde.

Vielen Austauschschülern erscheint diese Zeit nach der Rückkehr wie ein Schweben zwischen zwei Welten. Das ist nicht unbedingt ein angenehmes Gefühl, denn dieser Schwebezustand ist mit dem vorübergehenden Verlust des Gefühls von Sicherheit, Vertrauen in das eigene Können, dem Verlust von Akzeptanz durch andere und dem Verlust des Gefühls von Zugehörigkeit verbunden. Schnell kann es passieren, dass du dich einsam und unverstanden fühlst, dich zurückziehst oder heimlich die Rückkehr ins Gastland planst. Für diejenigen, die sich nicht ausreichend auf ihre Rückkehr vorbereitet haben oder dies nicht konnten und für diejenigen, denen das notwendige Rüstzeug für ihre Rückkehr noch fehlt, ist dies die Zeit eines Rückkehrkulturschocks. Ein vollständiges Austauschjahr erlaubt dir, diese Gefühle bewusst zu erleben und zu lernen, mit ihnen umzugehen.

Der Einfachheit halber verstehen wir in diesem Buch unter „Rückkehrkulturschock" starke Gefühle von Orientierungslosigkeit, Verlust und Traurigkeit, die ein Mensch bei der Rückkehr aus einer Gastumgebung in seine alte Heimat und bei der Wiederanpassung an seine ursprüngliche Kultur nach längerer Abwesenheit erleben kann.

Erinnerst du dich noch an die ersten Tage und Wochen deines Austauschjahres? Alles war fremd und neu. Du musstest erst lernen, dich in deinem neuen Zuhause wohl zu fühlen. Die Rückkehr aus dem Ausland ist in vieler Hinsicht mit dem Anfang des Austauschjahres vergleichbar. Damals hast du komplett neu angefangen. Jetzt stehst du erneut vor einem kleinen Neuanfang und neuen Aufgaben. Dazu gehören:

- die Wiederanpassung an deine Heimatkultur,
- die Verarbeitung deiner persönlichen Erlebnisse und Veränderungen,
- die Integration der Austauscherfahrung in dein Leben.

Doch bevor du mit etwas Neuem beginnen kannst, muss das Alte erst zu Ende gebracht werden. Aber das ist einfacher gesagt, als getan. Während du am Anfang deines Austauschjahres noch bereit warst, ein Stück von dir aufzugeben, Gewohnheiten abzulegen, um neue Erfahrungen und Erlebnisse in einer fremden Kultur machen zu können, hältst du bei der Rückkehr wahrscheinlich erst einmal vehement an eben diesen Erfahrungen fest. Es ist eine Eigenheit der Menschen, viel zu lang auf die Tür zu starren, die verschlossen ist, statt durch eine der vielen offenen zu gehen. Viele Austauschschüler möchten ihr neues Leben nicht so schnell loslassen und einigen gelingt es wirklich nur sehr schwer. Mit jedem Tag, den sie länger zu Hause verbringen, scheint ihnen das Jahr ein bisschen mehr durch die Finger zu gleiten und buchstäblich in die Ferne zu rücken.

„Bevor mit etwas Neuem begonnen werden kann, muss das Vergangene zu Ende gebracht werden."

Im Kapitel „Abschied" haben wir bereits über das zeitliche Ende des Austauschjahres gesprochen. Das Ende deines Jahres ist jedoch nicht wirklich identisch mit dem Datum, das schwarz auf weiß auf deinem Rückflugticket geschrieben steht. Der Prozess des Beendens und Loslassens dauert wesentlich länger. Erst wenn du diesen bewältigt hast, wirst du bereit sein für Neues. Für manche Austauschschüler ist es ein langer, für andere ein kürzerer Weg, aber für alle führt er durch ein Niemandsland, das zwischen Ende und Neuanfang liegt, in dem das alte Leben nicht mehr funktioniert, das neue Leben sich aber noch fremd und ungewohnt anfühlt.

Das Niemandsland ist eine Phase des Umbruchs. Viele würden sie gern überspringen, aber der Weg durchs Niemandsland ist nötig, wenn du dein Austauschjahr tiefgründig verarbeiten und zusätzlichen Nutzen daraus schöpfen willst. Diese Zeit bietet eine enorme Chance für Entwicklungen in sich, die du nicht ungenutzt verstreichen lassen solltest. Damit der Anfang zu Hause ein wirklicher Neuanfang wird, stehst du als Heimkehrer zuerst vor der Aufgabe, dein Austauschjahr loszulassen, d. h., der Neubeginn bedeutet zunächst den Verlust dessen, woran du dich gewöhnt hast – dein Leben als Austauschschüler in deiner Gastfamilie. Das jedoch ist notwendig, um dich auf deinen weiteren Lebensweg einlassen zu können. Keine Angst, natürlich werden dort auch deine Gastfamilie und deine Gastumgebung ihren Platz haben.

4.1 Loslassen des Austauschjahres

Gehen wir noch einmal einen Schritt zurück. Du bist aus dem Austausch in deine Heimat zurückgekehrt und hast wieder begonnen, hier zu leben. Doch dein Austauschjahr, deine Erlebnisse und persönlichen Veränderungen sind dir allerorts präsent. Du fühlst dich in die Ferne gezogen, denkst oft an die Menschen in deinem Gastland, sprichst bei jeder Gelegenheit – und sei es nur mit dir selbst – Spanisch, Englisch, Schwedisch. Deine Umwelt fordert jedoch von dir, dich wieder an das Leben zu Hause zu gewöhnen. Du sitzt zwischen zwei Stühlen, bewegst dich zwischen den Welten. Das ist das Niemandsland.

"Almost anything is easier to get into than out of."

(Agnes Allen, amerikanische Schriftstellerin)

Einige Dinge aus deinem Leben im Gastland wirst du wieder aufgeben müssen. Andere bleiben und mit wieder anderen musst oder kannst du neu beginnen. Dabei sind die Veränderungen, vor denen du stehst, objektiv betrachtet bestimmt gar nicht so schwierig zu bewältigen. Schließlich hast du die Anpassung an das Leben in deinem Gastland auch gemeistert, wo viel mehr fremd war als jetzt zu Hause. Schwierig ist das Loslassen des Alten, vor allem, wenn damit ein besonderer Lebensabschnitt verbunden ist.

Übung:
Überlege einmal, was sich für dich mit deiner Rückkehr aus dem Austausch wieder verändern wird! Dabei können dir die folgenden Fragen helfen, die wir in drei Bereiche aufgeteilt haben.

Veränderung & Verlust
Was wird sich mit deiner Rückkehr für dich verändern?
Was hat sich bereits verändert?

....

....

....

....

....

Was endet? Was „verlierst" du? Was musst du aufgeben? Was vermisst du seit deiner Rückkehr aus dem Ausland?

....

....

....

....

....

Welche Dinge und Verhaltensweisen wirst du in deinem Heimatland nicht mehr weiterführen können?

....

....

....

....

....

Mitnehmen

Welche Dinge und Verhaltensweisen wirst du aus deinem Austauschjahr mitnehmen können? Was bleibt?

....

....

....

....

....

Neu anfangen

Welche Verhaltensweisen musst du wieder neu übernehmen? Womit musst du wieder aufs Neue beginnen?

....

....

....

....

....

Womit kannst du jetzt neu anfangen?

....

....

....

....

....

Wenn du die Fragen ehrlich beantwortest und dir Zeit für einen umfassenden Blick auf die Situation genommen hast, wirst du genauer erkennen, was wirklich vorbei ist und was nicht. Dein Leben in deiner Gastfamilie ist zweifellos vorüber, aber das bedeutet längst nicht, dass ihr von heute auf morgen keinen Kontakt mehr haben werdet. Ihr könnt telefonieren, E-Mails schreiben und euch besuchen. Du wirst auch mit deiner Rückkehr nicht gleich die erworbenen Sprachkenntnisse verlieren. Du kannst Bücher lesen, in deiner Heimat Menschen finden, die die Sprache deines Gastlandes sprechen oder Nachhilfeunterricht geben. Freunde aus deinem Austauschjahr bleiben dir erhalten. Nur werdet ihr in Zukunft anders kommunizieren. Statt gemeinsame Aktivitäten zu unternehmen, wird sich der Kontakt sicher erst einmal auf E-Mail und Telefon beschränken. Du bist jetzt zwar nicht mehr Austauschschüler, dafür aber Ehemaliger und kannst deine Erfahrungen an künftige Austauschschüler weitergeben. Was sich ändert, sind also die Umstände. Der Kern – deine Erfahrungen, das Gelernte und das Gefühl, in zwei Welten zu Hause zu sein – bleibt.

„Mit jeder Tür, die sich schließt, öffnet sich eine neue."

Das Loslassen fällt leichter, wenn man etwas aus der Vergangenheit, also dem Austauschjahr, in die Gegenwart mitnehmen kann. Vielleicht ist dies ein Gegenstand aus deinem Gastland, der dir jetzt zum Talisman wird, eine Angewohnheit, die du nicht aufgeben möchtest und musst oder die Sprache, die du bei regelmäßigen Treffen mit anderen Austauschschülern oder hier lebenden Menschen aus deinem Gastland lebendig halten kannst. Wichtig ist aber vor allem, dir immer wieder vor Augen zu halten, dass in einem Ende oft die einzige Möglichkeit steckt, das Fortbestehen des größeren, übergeordneten Projekts zu ermöglichen. Anders gesagt: Dein Austauschjahr muss zu Ende gehen und du musst dich wieder anpassen, bevor du in der Lage bist, die Erfahrung des interkulturellen Wechsels in einem größeren Zusammenhang zu sehen und in dein weiteres Leben zu integrieren. In gewisser Weise war dein Austauschjahr ein einzigartiges Experiment im kulturellen und interkulturellen Lernen. Du hast Toleranz und Einfühlungsvermögen erworben, die Fähigkeit zum kulturellen Perspektivwechsel erprobt und schließlich gelernt, durch Anpassung deines Verhaltens auf Kulturunterschiede zu reagieren, um durch die Teilnahme am Leben deiner Gastfamilie und Schule, eine Kultur aus ihrem eigenen Zusammenhang heraus zu verstehen. Wenn du wieder richtig zu Hause angekommen bist, kannst du diese Werkzeuge im täglichen Leben anwenden und hoffentlich dazu beitragen, die Welt insgesamt toleranter und lebenswerter zu machen. Aber dazu musst du eben erst Abstand zu deinem Jahr gewinnen.

4.2 Der Weg durchs Niemandsland

Der französische Schriftsteller André Gide hat einmal gesagt: „Man entdeckt kein neues Land, wenn man nicht bereit ist, das Ufer für eine Weile aus den Augen zu verlieren." So ist es zweifellos nicht nur Kolumbus ergangen und sicher ist diese Feststellung nicht auf die Seefahrt beschränkt. Auch auf deiner Reise durch das Niemandsland von der einen Welt in die andere wirst du bestimmt das Ufer eine Zeit lang aus den Augen verlieren. Wie lange die Reise dauert und wie beschwerlich sie sein wird, ist sehr unterschiedlich. In der Regel dauert sie eher Monate als Wochen. Viele Austauschschüler erleben in dieser Zeit zwischen dem Ende des Austauschjahres und der Wiederanpassung im Heimatland Gefühle wie Ärger, Trauer, Angst oder Antriebslosigkeit. Diese Gefühle sind völlig normal. Auch Menschen in anderen Verlust- und Umbruchsituationen im Leben sind davon nicht verschont. Sie sind natürliche Zeichen der Trennung, wenn ein Mensch etwas verliert, das ihm viel bedeutet. Anfangs bleiben diese Gefühle oft unbemerkt, denn manche Austauschschüler können oder wollen gar nicht wahrhaben, dass ihr Austauschjahr zu Ende ist und vermeiden diese Erkenntnis so lange und so gut es geht. Damit schützen sie sich in erster Linie vor dem Verlust des lieb gewordenen Lebens im Gastland.

Die folgende Übersicht listet einige typische Gefühle auf, denen Rückkehrer auf der Reise durchs Niemandsland begegnen und gibt Tipps, wie diese erfolgreich bewältigt werden können. Sie beinhaltet jedoch vor allem auch Anregungen für Eltern, Freunde und andere, wie sie den Rückkehrer unterstützen können:

Für Eltern

Ärger

Ärger kann sich auf einer Skala von Grummeligkeit über Gereiztheit bis hin zu richtiger Wut äußern. Oft wird den damit verbundenen Verhaltensweisen ungezielt freier Lauf gelassen. Sie sind meist auf ein beliebiges Ziel gerichtet und treffen eigentlich immer den Falschen. Solcher Ärger kann sich durch übermäßige Kritik am Heimatland äußern, jedoch auch durch einen Streit mit völlig unschuldigen Personen. Als Eltern sollten Sie Gefühlsausbrüche dieser Art nicht persönlich nehmen. Ungezügelter Ärger ist nicht immer rational zu erklären. Versuchen Sie, die dahinter steckenden Gefühle zu verstehen. Verständnis aufbringen heißt hier zunächst einmal das Schlüsselwort. Ehemalige Austauschschüler können manchmal sehr unbedacht handeln.

Angst

Mit dem Gefühl der Angst verhält es sich ähnlich. Auch sie basiert meist nicht auf einer realen Basis, sondern auf der Erwartung, einer anstehenden Anforderung nicht gewachsen zu sein. Sie kann im Stillen blühen, aber auch durch beobachtbares Verhalten zum Vorschein kommen. Viele Austauschschüler haben Angst, ihr Austauschjahr, ihre Gastfamilie und neuen Freunde zu verlieren, weil sie noch nicht wissen, wie sie diese Erfahrung in ihr weiteres Leben integrieren sollen. Manche haben auch Angst, sich nicht mehr an die alten Gegebenheiten gewöhnen zu können, in der Schule nicht mehr mitzukommen oder alte Freunde zu verlieren. Eine Möglichkeit, solchen Ängsten zu begegnen, ist es, sie anzusprechen und gemeinsam nach Lösungen zu suchen.

Trauer

Vor allem die abrupte Trennung kann bei Austauschschülern auch große Traurigkeit hervorrufen. Wie Angst und andere Gefühle kann auch Trauer still und von anderen unbemerkt gelebt werden. Sie kann sich jedoch auch durch konkretes Verhalten zeigen, nicht zuletzt durch Rückzug oder Tränen. Ermuntern Sie den Rückkehrer sanft und unkompliziert, über seine Gefühle zu sprechen. Äußern Sie Verständnis, ohne auf falschen Trost oder unrealistische Versprechen zurückzugreifen – zum Beispiel dass er oder sie sicher schon bald wieder ins Gastland zurückkehren oder vielleicht dort studieren könne. Selbst wenn diese Möglichkeiten bestehen, nützen sie bei der Bewältigung der aktuellen Situation, dem Prozess des Loslassens, wenig.

Orientierungslosigkeit

Austauschschüler im Niemandsland haben gelegentlich das Gefühl, die Orientierung zu verlieren, sie erleben sich als unsicher, sind vergesslich und durcheinander. Das ist durchaus vergleichbar mit der Orientierungslosigkeit, die sie zu Beginn ihres Austauschjahres durchlebt haben. Wenn auch nicht in gleichem Ausmaß, so sind sie doch auch jetzt wieder ein wenig fremd und neu in ihrer Umgebung. Ein bisschen Orientierungshilfe, zusätzliche Aufmerksamkeit und Unterstützung können hier helfen.

Antriebslosigkeit

Manche Austauschschüler fühlen sich in der Zeit zwischen Rückkehr und Wiederanpassung an das Heimatland niedergeschlagen. Sie verspüren ein Gefühl der Hoffnungslosigkeit und sind oft sehr müde. Sie ziehen sich zurück und vermeiden Aktivitäten. Dies ist eine verbreitete Reaktion und sollte nur dann Grund zur Sorge geben, wenn sie zu lange anhält oder der Rückkehrer jegliche Aktivität vermeidet. Äußern Sie in dieser Situation Verständnis für die Gefühle Ihres Kindes und versuchen Sie, in ihm das Bewusstsein zu schärfen, dass Aktivitäten mit Freunden und Familie ihm dabei helfen werden, die Situation und die Rückkehr erfolgreich zu bewältigen.

Nicht alle Austauschschüler erleben diese Gefühle. Und nicht alle äußern sie. Selten treten alle gleichzeitig oder gleich intensiv auf. Aber die meisten Austauschschüler erleben in dieser Zeit zwischen den Welten das eine und andere der genannten Gefühle. Eng damit verbunden können auch Selbstzweifel, größere Unzuverlässigkeit oder Nachlässigkeit sein – kurz: Die Dinge werden eine Zeit lang schleifen gelassen. In der Familie führt dies oft zu Unstimmigkeiten, weil Eltern und Geschwister vom Rückkehrer erwarten, dass er wieder als vollwertiges Familienmitglied mit allen Rechten und vor allem Pflichten am Familienleben teilnimmt. Manchmal erwarten sie sogar, dass sich der Rückkehrer so verhält wie vor seinem Austauschjahr, das heißt, ganz wieder „der Alte" wird. Die Zeit der Rücksichtnahme und Nachsicht ist schnell vorbei. Der Sonderbonus des Rückkehrers bald aufgebraucht. Doch egal wie und in welcher Intensität sich die mit dem Ende des Austauschjahres verbundenen Gefühle äußern – Eltern, Freunde und Lehrer von Zurückgekehrten sollten gerade in dieser Zeit den Austauschschüler und seine Gefühle ernst nehmen. Erlebte Verluste – und das bedeutet das Ende des Austauschs – sind immer subjektiv und können von Menschen, die diese Lebenssituation nicht aus eigenem Erleben kennen, häufig schlecht nachvollzogen und verstanden werden.

Für Eltern

Die Rückkehr Ihres Kindes, die Sie als Eltern mit großer Vorfreude und Spannung erwartet haben, wird von Ihrem Kind vielleicht ganz anders wahrgenommen. Nehmen Sie dies nicht persönlich, denn wieder zu Hause zu sein, bedeutet für Ihr Kind zunächst unweigerlich das Ende eines einzigartigen Jahres in seinem Leben. Manche Eltern finden, Ihr Kind überreagiere in dieser Zeit. Aus elterlicher Perspektive gesehen ist die Wahrnehmung als Überreaktion sicherlich richtig und sollte vom Rückkehrer beherzigt werden. Aus der Sicht des zurückgekehrten Jugendlichen kann dieses Verhalten jedoch ganz anders aussehen und sogar gerechtfertigt sein. Auch seine Sicht ist richtig und sollte ernst genommen werden.

Viele Menschen übersehen gern, dass der zurückgekehrte Austauschschüler nicht nur viel hinzu gewonnen hat, sondern auch etwas verliert. Außerdem ist es einfacher, sich „vernünftig" zu verhalten, wenn man nicht persönlich betroffen ist. Versuchen Sie daher, die Ursachen für das Verlustgefühl zu finden und zu verstehen. Beschwichtigungen helfen dem Rückkehrer wenig. Schließlich ist die Reise durchs Niemandsland ein natürlicher Prozess, der durchlebt werden muss. Vielmehr helfen Anerkennung, Interesse und das Gefühl, als die Person geschätzt zu werden, die zurückgekehrt ist und nicht als die, die vor einem Jahr aufgebrochen ist, eine neue Welt kennen und ein neues Leben leben zu lernen. Auch darf nicht jede unbedachte Äußerung auf die Goldwaage gelegt werden. Mit ein bisschen Gespür erkennt der Rückkehrer selbst, dass die eine oder andere seiner Aussagen oder Verhaltensweisen jemanden verletzt haben könnte.

Wie jede Reise ist auch die durchs Niemandsland einfacher, wenn man darauf vorbereitet und gut ausgerüstet ist. Regel Nummer Eins lautet daher: Rechne mit Schwierigkeiten! Die Reise durchs Niemandsland erscheint manchem Austauschschüler und vielen Eltern deshalb erst schwierig, weil sie nicht verstehen, was in dieser Zeit passiert. Sie haben sich vorher nicht damit beschäftigt und erwarten, dass nach einer kurzen Eingewöhnung schnell wieder alles beim Alten und so wie früher sein wird. Sie haben meist nicht bedacht, dass es ja gerade ein Anliegen des Austauschjahres war, dazu zu lernen und sich dadurch zu verändern und weiter zu entwickeln.

Am Ende des Austauschjahres ist es nicht möglich, zwischen den Welten wie von einer Straßenseite zur anderen zu wechseln. Vielmehr hat man sich als Austauschschüler auf eine weitere Etappe einer Persönlichkeitsveränderung begeben, die Zeit braucht. Die Verhaltensweisen, Werte, das eigene Selbstbild und die neuen Vorlieben, die man in den letzten Monaten im Gastland erworben und entwickelt hat, müssen erst erkannt werden und allmählich wieder durch kulturell angemessenes Verhalten, neue Rollen und Gewohnheiten ergänzt oder ersetzt werden. Auch wenn Rückkehrer oder andere sich manchmal danach sehnen, endlich anzukommen – die Reise durchs Niemandsland ist keine verschwendete Zeit, kein sinnloses Warten, sondern eine Zeit der Um- und Neuorientierung sowie der persönlichen Festigung. Es ist eine Zeit, die man erlebt haben muss, um von einem vollständigen Austauschjahr sprechen zu können.

„Die Rückkehr ist kein Rückschritt."

Deshalb lohnt es sich, dieser Zeit einen Namen zu geben. Uns selbst gefällt es, die Rückkehr als das Ende vom Anfang zu betrachten. Austauschjahr, Abschied, Ankunft und Niemandsland sind wie ein Übergang in eine neue Lebensphase, in der du das im Austauschjahr Erlernte wirst nutzen und einsetzen können. Dein Leben wird nach deinem Austauschjahr (hoffentlich) anders aussehen, reicher sein, als es ohne dein Austauschjahr gewesen wäre. Deshalb sprechen wir auch lieber von Wieder- als von Rückanpassung, denn die Rückkehr ist kein Rückschritt.

Ein bisschen Ordnung und Struktur in diese Zeit zwischen den Welten zu bringen, kann jedoch nicht schaden. Schon weil diese Phase der Wiederanpassung selbst eine wichtige Zeit der Veränderungen ist, solltest du dich nicht noch mit weiteren Veränderungen belasten, die nichts mit deinem Austauschjahr und der damit verbundenen Rückkehr zu tun haben. Solche zusätzlichen Belastungen, selbst wenn sie dir oder anderen noch so gering vorkommen, können sprichwörtlich der Tropfen sein, der das Fass zum Überlaufen bringt. Setze dir stattdessen kurzfristige Ziele. Finde z. B. heraus, ob es in deinem Heimatort Möglichkeiten gibt, ein Hobby aus deinem Austauschjahr weiterzuführen. Nimm dir vor, endlich das Fotoalbum über dein Austauschjahr fertig zu stellen. Unternimm viel mit deinen Geschwistern und deiner Familie. Erkundige dich, ob es einen fremdsprachigen Stammtisch oder eine Gruppe ehemaliger Austauschschüler gibt, wo du Gleichgesinnte treffen und dich mit ihnen austauschen kannst. Ansonsten kann die Reise durchs Niemandsland einsam werden.

Grau, grau, grau oder Was mache ich hier bloß?

von Christine Lohmann

Abschied für wie lange?
Als Lynn, meine Gastmutter, mich ungefähr ein Jahr nachdem ich in Atlanta angekommen war, zum Flughafen brachte, hatte ich wahnsinnige Angst, ich würde das alles und besonders meine amerikanische Familie jahrelang nicht wieder sehen. Ich sog alles noch einmal ein: unsere Straße, den Weg zur Schule, zum Supermarkt, zum Kino, nach Downtown … Trotzdem fühlte ich mich ziemlich untröstlich. Es war, als würde ich meine Heimat verlassen und irgendwie war es ja auch so. Es war zwar nicht meine Heimat, in der ich geboren wurde, aber trotzdem meine neue Heimat, in der ich mich jetzt auch zu Hause fühlte.

Auf dem Flughafen kannte ich keine Menschenseele. Die anderen Austauschschüler, die ich kannte, flogen zu anderen Terminen. Lynn und ich versuchten, unsere Traurigkeit mit Macht zu überspielen. Das war zwar ziemlich witzlos, weil wir letztendlich doch wie die Schlosshunde heulten und ich in Deutschland genauso verheult ankam, wie ich ein Jahr zuvor abgeflogen war.

Ankunft

Das war's nun. Das war alles. Ein Jahr – so schnell vorüber. Völlig beklommen stieg ich an einem trüben Julitag 1997 aus dem Flugzeug. Das konnte doch wohl nicht wahr sein. Wo war die Freude, das Bauchkribbeln, das Jubilee wieder in der alten Heimat zu sein. Nichts. Ich durchforschte meine Gefühle, als ich den grauen Gang zum Zoll entlangging und die Gesichter der anderen Menschen beobachtete. Alles was ich spürte, war Beklommenheit, Traurigkeit und so etwas wie „Na ja, was soll's …" Sicher freute ich mich wahnsinnig, Martin, meinen Freund, in wenigen Minuten wieder zu sehen und später meine Familie – darum ging es nicht, aber bitte nicht hier … in Deutschland. Warum gerade hier? Warum sind wir nicht alle dort, wo ich gerade hergekommen war? In Atlanta, Georgia.

Die Laune des Zollbeamten entsprach der Farbe des Fußbodens – grau. Alles war grau. Grau, grau, grau. Und ich hatte nicht das Gefühl, dass es besser werden würde. Ein Schneesturm in Sibirien hätte nicht viel schlimmer sein können. Hilfe! Was machte ich hier bloß? Wieso war ich überhaupt wieder hergekommen – ja, ich musste, aber nur fürs Erste. Zwei Minuten nach meiner Ankunft in der schönen deutschen Heimat stand mein Entschluss fest! Ich war nicht gerade vorübergehend ein Jahr als Austauschschülerin in den USA gewesen, sondern ich werde jetzt vorübergehend wieder in Deutschland sein und so schnell wie möglich in ein Flugzeug gen Atlanta steigen – gen Sonne, Lachen, Freundlichkeit, bunten Farben und meiner amerikanischen Familie, die mir so ans Herz gewachsen war.

Zunächst jedoch stand am Ausgang der Gepäckannahme Martin und mein Herz machte einen Sprung. Endlich wieder zusammen – das war doch was, schließlich hatten wir ein Jahr räumliche Trennung überstanden, unser drittes Jubiläum allein gefeiert, hunderte von Briefen um die halbe Welt geschickt, Woche für Woche telefoniert ... Da stand nun endlich der Mann meiner Träume wieder leibhaftig vor mir, und trotzdem war mir nicht so sehr nach Erzählen zumute. Die Wiedersehensfreude wurde gedämpft, denn alles andere um uns herum war immer noch so unvorstellbar grau. Die Wände, die Gesichter der düster dreinblickenden Menschen – ihre Augen, ihre Münder, die Luft, das Licht – alles, einfach alles. Die Nummernschilder der Autos waren eine Spur zu groß – genau wie die Straßen mit den langweiligen weißen Linien zu klein waren. Und alles war kantig. Kantig deutsch – zu deutsch.

Da fuhren wir nun wieder auf der Autobahn mit den Ausfahrten – weit fort waren die Highways ... Es ging nach Hause zu meinen Eltern, die schon aufgeregt in unserem kleinen Dorf warteten. Ein Jahr war es her, dass ich aufgeregt und heulend unseren Bauernhof verlassen hatte, die Welt zu entdecken – und fast nichts hatte sich dort seitdem verändert. Es war natürlich schön, alle wieder zu sehen – meinen Bruder, meine Mutter und meinen Vater – doch es hatte alles den Beigeschmack von Fernweh. Oder eigentlich Heimweh. Nach dem ersten Hallo und etlichen Umarmungen folgten Kofferauspacken, Geschenke verteilen, erzählen, erzählen, erzählen ... und Abendbrot – wie früher. So saßen wir alle zusammen an dem großen, reich gedeckten Tisch im Esszimmer. Es gab Graubrot, selbst geschlachtete Bratwurst, Leberwurst und Rotwurst, Schinken, allerlei Käsesorten und dazu schwarzen Tee – zum ersten Mal seit einem Jahr. Alles war so vertraut – eigentlich –

und doch so fremd. So war es früher immer gewesen? So soll es von jetzt an wieder immer sein? Oh Himmel, bitte nicht! Ich fühlte mich wie in einer fremden Welt – meinem ursprünglichen Zuhause.

In den nächsten Tagen ging es reihum, Verwandte und Freunde zu besuchen. Jeder versuchte herauszufinden, ob man sich selbst oder der andere sich verändert hatte. Es gab eine große Wiedersehensparty, die in einem ziemlichen Fiasko endete, da alle jetzt irgendwie ihr eigenes Leben lebten und das der anderen etwas komisch beäugten. Nichtsdestotrotz wurden Neuigkeiten ausgetauscht, doch durch die kontinuierliche Kontaktpflege stellte man rasch fest, dass es soviel Neues nicht gab. Es war fast, als wäre die Zeit stehen geblieben und nur man selbst hätte eine massive Veränderung erfahren.

Ach, wie sehnte ich mich nach Atlanta zurück – nach meinen amerikanischen Eltern Lynn und Chris, die viel mehr waren als nur Gasteltern, nach „meinen" beiden süßen Gastbrüdern Ryan und Maxwell, die mir so ans Herz gewachsen waren …

Oh, schöne deutsche Heimat
Da war ich nun wieder – in der schönen deutschen Heimat und hatte nur einen Gedanken: Wie komme ich hier so schnell wie möglich wieder weg? Ich hatte in den USA gar nicht gemerkt, wie sehr ich mich verändert hatte, aber nun schlug diese Erkenntnis mit voller Härte ein. Es waren so banale Dinge wie die Einnahme des Essens: Wie lange isst man? Was isst man? Oder, wie lange bleibt man nach dem Essen sitzen? Letzteres sorgte am Anfang für einige Diskussionen in meiner Familie. Außerdem war ich wohl

auch im Allgemeinen viel US-amerikanischer geworden, als ich dachte – Lebensansichten, Verhaltensweisen und vieles andere mehr.

Nichtsdestotrotz fing ich acht Wochen nach meiner Rückkehr mein Abijahr an einer Internatsschule an. In der Orientierungswoche traf ich eine Freundin aus Kindertagen. Sie war auch ein Jahr im Austausch gewesen, und wir teilten beide den Wunsch, so schnell wie möglich ins Land unserer Träume zu fahren, was sonst keiner zu verstehen schien. Wir hatten fast den gleichen Stundenplan, und ich für meinen Teil war im ersten Halbjahr mehr als ausgelastet. Die Schule war zunächst ziemlich ungewohnt, besonders nach einem Jahr ohne konzentriertes Lernen. Das Gute am Stress und Heimat-Fernweh war allerdings, dass ich meine ganzen in den USA zugelegten Pfunde sehr schnell wieder verlor. Zum Glück hatte ich ein Telefon im Internatszimmer, so dass ich, so oft ich wollte, in Atlanta anrufen konnte. Letzteres hatte allerdings zur Folge, dass meine Mitbewohnerin über unsere erste gemeinsame Telefonrechung ziemlich entsetzt war, denn diese war im Vergleich zu den Vormonaten förmlich explodiert. Es kam allerdings auch oft vor, dass das Telefon nachts klingelte – nicht gerade zur Freude meiner Mitbewohnerin – weil Lynn vergessen hatte, dass es sechs Stunden Zeitunterschied nach Deutschland waren. Mir machte das alles nichts aus, denn es tat so gut, so oft mit allen dort im fernen Amerika zu telefonieren.

Das Leben geht weiter
Im November erfuhr ich von einem dreiwöchigen Schnupperstudium in den Osterferien an einem College in New York State. Die Bewerbungen sollten so schnell wie möglich eingereicht werden.

Das ließ ich mir natürlich nicht zweimal sagen. Umgehend besorgte ich mir die Bewerbungsunterlagen. Anfang Dezember wurde ich zu einem Vorstellungsgespräch gebeten und erfuhr, dass von allen Bewerbern nur zwei genommen werden würden. Ich hoffte und betete und siehe da, an meinem Geburtstag, kurz vor Weihnachten, erhielt ich die Nachricht, dass ich eine der Glücklichen wäre, die im März nach Oswego, N.Y., fahren sollten.

Ich war so aufgeregt und glücklich. Es wäre mir nicht mal im Traum eingefallen, dass ich so schnell wieder nach Amerika fahren könnte. Ich würde mit einem anderen deutschen Mädchen in einem Wohnheim wohnen. Außerdem sollten wir je eine amerikanische Partnerin bekommen, die sich um uns kümmern würde. Das klang alles sehr viel versprechend. Meine schriftlichen Vorprüfungen waren schon Ende Februar vorbei, so dass ich gleich danach losfliegen konnte und somit noch eine Woche Zeit hatte, um meine Familie in Atlanta zu besuchen.

There, and back again

So ging es dann, achteinhalb Monate nachdem ich wieder im grauen Deutschland angekommen war, zurück in die sonnigen USA. Ich freute mich wahnsinnig auf meine Familie dort, den Sonnenschein und, nicht zu vergessen, die allgemeine Freundlichkeit. Das Leben ist doch schon um einiges angenehmer, wenn die Menschen im Supermarkt oder wo auch immer ein sonnigeres Gemüt haben und dies auch zeigen.

Es war so herrlich, wieder in Atlanta zu sein, alles wieder zu sehen. Ich war zu Hause – meinem amerikanischen Zuhause. Es hatte sich erwartungsgemäß nicht viel verändert. Die Kinder freuten sich riesig, wobei mich Maxi natürlich schon vergessen hatte. Er konnte jetzt schon etwas sprechen und richtig herumlaufen. Ryan hatte sich eigentlich gar nicht verändert und so puzzelten wir erst mal eine Runde nach der anderen – wie früher.

Nach der schönen Woche in Atlanta ging es dann in den kalten Norden zum „Studieren". Ich war gespannt, wie meine amerikanische Austauschpartnerin wohl sein und wie es an einer US-amerikanischen Uni zugehen würde. Natalie, die Austauschstudentin, war super nett. Wir verstanden und mochten uns auf Anhieb. Auch der Unterricht gefiel mir sehr gut. Er war nicht sehr theoretisch, sondern eher am Leben orientiert und praktisch. An den Wochenenden fuhren wir viel umher. Mal wieder nach New York City, mal nach Washington D.C. etc. Es war schön, wieder die Städte zu sehen, wo ich im Jahr zuvor schon mit Freunden und Martin gewesen war. Dadurch kam mir alles viel näher und erreichbarer vor.

Mein Rückflug ging wieder über Atlanta, so dass ich dort noch einen Tag zusammen mit meiner amerikanischen Familie hatte. Das war auch schön und außerdem wichtig, denn so konnten wir uns noch einmal richtig verabschieden. Wir machten außerdem aus, dass wir uns schnell wieder sehen müssten, denn schließlich ist es doch nicht soooo weit. Wir verabredeten uns für den Sommer in Deutschland.

Diesmal war der Rückflug nicht mehr so schlimm, denn irgendwie schien Atlanta nicht mehr so aus der Welt. Ich freute mich auch viel mehr auf mein deutsches Zuhause. Es war nicht mehr so fremd, und das Gefühl, zwei richtige Zuhause zu haben, war stär-

ker als je zuvor. Es war einfach herrlich und erleichternd. Ich freute mich fast auf das Abi und natürlich auf den langen Sommer.

Der Sommer war wunderschön. Nachdem meine vier Lieblingsamerikaner einige Tage mit meiner deutschen Familie auf dem Land verbracht hatten, ging es auf Deutschlandreise – über Rothenburg ob der Tauber nach Garmisch-Partenkirchen und dann nach St. Peter Ording an der Nordsee. Es waren herrliche Wochen und wir hofften auf baldige Wiederholung, besonders Maxi, weil er immer schimpft, dass er sich an nichts mehr erinnern kann …

Seitdem fliege ich regelmäßig zweimal im Jahr zu meiner amerikanischen Familie. Sie haben jetzt noch ein kleines Töchterchen Emily, die auch schon fragt, ob ich nicht mal schnell auf eine ihrer „tea parties" vorbeikommen möchte. Außerdem habe ich in Atlanta ein zweimonatiges Praktikum absolviert und bei meiner Familie gewohnt. So hatten wir noch einmal die Chance, viel Zeit miteinander zu verbringen. Besonders schön war auch mein letzter Geburtstag und Weihnachten, das wir in Atlanta verbracht haben. Martin, mit dem ich inzwischen verlobt bin, aber auch mein Bruder, der in dieser Zeit in Indiana studierte, waren mit dabei. So hatten wir erst eine große deutsch-amerikanische Geburtstagsparty mit Apfelkuchen und amerikanischem „angel food cake" mit dicker weißer Buttercreme, und außerdem noch ein amerikanisch-deutsches Weihnachten.
In zwei Jahren, wenn Emily schon etwas älter ist, wollen wir alle zusammen deutsch-amerikanische Weihnachten in Deutschland feiern. Außerdem kommt Ryan vielleicht schon nächsten Sommer allein nach Deutschland, um hier Ferien zu machen.

Ich hätte nie gedacht, dass aus dem Wunsch, ein Jahr ins Ausland zu gehen, eine so tiefe deutsch-amerikanische Freundschaft entstehen könnte, die wächst und wächst und wächst. Dieses Jahr in Atlanta hat mich unglaublich geprägt, und ich möchte nichts missen. Es war das beste Jahr meines Lebens, denen vielen weitere schöne folgten, die durch dieses Jahr erst so schön geworden sind, auch wenn die erste Zeit danach nicht einfach war …

Tipps für eine weiche Landung – Niemandsland

Tipps für Austauschschüler

Nicht wertend vergleichen

Zur Wiederanpassung gehört der zeitweise Verlust der Objektivität. Rückkehrer sollten deshalb nicht ständig wertend vergleichen und sich vor Augen führen, dass der permanente Vergleich der heimischen Küche mit den Kochkünsten der Gastmutter, des bescheidenen Bücherregals im Wohnzimmer mit der Bibliothek des Gastvaters oder des luxuriösen Lebensstils in einer Villa mit der engen 3-Zimmer-Wohnung zu Hause bei der eigenen Familie ein Gefühl der Eifersucht oder Unsicherheit auslösen kann. „Besser" und „schlechter" sind Vokabeln, mit denen man bei dem Vergleich unterschiedlicher Kulturen und Lebensweisen sehr vorsichtig umgehen muss.

Sich Zeit lassen und Geduld haben

Die Rückkehr dauert in der Regel einige Monate und verläuft in mehreren Phasen. Wichtig ist in dieser Zeit, mit sich und anderen Geduld zu haben. Dieser Prozess ist ganz natürlich und keine Krankheit, auch wenn er sich manchmal so anfühlen mag.

Sich auf ähnliche Erfahrungen besinnen
Die Rückkehr aus dem Ausland ist ein tief greifender Veränderungsprozess im Leben. Aber die meisten haben ähnliche Prozesse schon einmal oder mehrfach durchlaufen. Schulwechsel, Umzug, das Ende einer Beziehung und natürlich die Anpassung an die Kultur des Gastlandes sind vergleichbare Erlebnisse, an deren Ende man in der Regel zufrieden auf den mitunter steinigen Weg zurückblicken konnte.

Zeit mit der Familie verbringen
Ein Jahr ist eine recht lange Zeit, wenn man bedenkt, was in einem Jahr alles so geschieht. Urlaubsreisen, Besuche, Trauerfälle, Zeugnisse und Schulabschlüsse, ein Wechsel des Arbeitsplatzes, gemeinsame Kino- und Theaterbesuche und vieles mehr. All diese Erlebnisse hat man getrennt voneinander an einem anderen Ort erlebt. Um diese Trennung zu überwinden, sind neue gemeinsame Erlebnisse wichtig. Ausflüge, Spieleabende, Besuche bei Verwandten und Freunden oder der gemeinsame Besuch von Konzerten sind nur einige der unzähligen Möglichkeiten, um wieder Zeit miteinander zu verbringen.

Nach und nach erzählen
Auch der geduldigste Zuhörer fühlt sich nach mehrstündigen Schilderungen von Alltäglichkeiten im Ausland, die er zudem meist nur schwer nachvollziehen kann, überfordert. Noch frustrierender wird diese Erfahrung, wenn der Erzähler vergisst, Gegenfragen zu stellen, um aus seinem Monolog einen Dialog zu machen. Auch der Zuhörer möchte sich mitteilen.

Fragen stellen

Auch zu Hause ist die Zeit nicht stehen geblieben. Zwar mag einem das Leben zu Hause im Vergleich zu den eigenen Erlebnissen farblos und langweilig vorkommen, für die Zurückgeblieben war es jedoch eine Zeit gelebten Lebens, das sie geprägt und verändert hat. Sie wollen auch gern erzählen, was ihnen widerfahren ist. Als Rückkehrer solltest du deshalb auch für diese Berichte und Erlebnisse Interesse zeigen.

Andere Menschen mit ähnlichen Erfahrungen suchen

Auch die geduldigsten Eltern können viele deiner Erlebnisse im Ausland nicht nachvollziehen, wenn sie nicht ähnliche Erfahrungen gemacht haben. Versuche deshalb Menschen zu finden, die eine ähnliche Auslandserfahrung gemacht haben. Du wirst schnell feststellen, wie viele Gemeinsamkeiten ihr habt.

Tipps für Eltern und andere Betroffene

Interesse zeigen

Versuchen Sie als Eltern, Interesse zu zeigen, denn Rückkehrer wollen erzählen. Häufig wissen sie bloß nicht, an welcher Stelle sie anfangen können, denn die wichtigsten Dinge eines Austauschjahres kann man nicht in Worte fassen. Sie haben viel erlebt und möchten diese Erlebnisse nun mit Familie und Freunden teilen. Leider vergessen die meisten dabei, dass auch das Leben in der Heimat weiter gegangen ist. Gegenfragen, was es denn so Neues gäbe, stellen die meisten Rückkehrer daher selten.

Geduld haben

Versuchen Sie freundlich und geduldig den eventuellen Schwärmereien, Schilderungen vom Alltag im anderen Land oder abenteuerlichen Reisen zu lauschen. Mit einer gehörigen Portion Geduld kann man den Rückkehrer am besten bei der Wiederanpassung unterstützen.

Nicht persönlich nehmen

Verstehen Sie auch wenig schmeichelhafte Vergleiche mit dem Leben der Gastfamilie und dem Gastland nicht falsch. Viele Rückkehrer verlieren in der Rückkehr- und Wiederanpassungsphase oft den Blick für die Realität. Viele preisen ihre Gastheimat meist über Gebühr. Für Außenstehende ist manchmal schwer nachvollziehbar, warum das Leben in Argentinien, Südafrika oder Thailand soviel angenehmer sein sollte, oder warum die Schweden, Amerikaner und Letten viele Probleme des Alltags so viel besser gelöst haben. Oft verbringen Austauschschüler ihr Austauschjahr in einer materiell und sozial wohlbehüteten Nische ihres Gastlandes. Aber nicht nur deshalb haben sie manchmal eine rosarote Brille auf, wenn sie von ihrem Gastland berichten.

Rückkehrer nicht in eine Verteidigungshaltung drängen

In der ersten Zeit nach der Rückkehr vergleichen Rückkehrer Gast- und Heimatland fast permanent, in der Regel zum Nachteil des letzteren. Dieses Missverhältnis relativiert sich im Laufe der Zeit. Zwingen Sie Rückkehrer daher nicht unbedingt in eine Verteidigungshaltung. Ein Austauschschüler lebt eine Weile in einem Niemandsland zwischen zwei Welten. Diese Erfahrung ist eine große Chance für die persönliche Entwicklung, für die man jedoch etwas Zeit benötigt.

5.
WIEDERANPASSUNG

Was für ein Wort! Wiederanpassung. Das klingt nach Unterordnung, Uniformität und irgendwie nach Zwang. Jetzt hast du dich ein Jahr lang mehr oder weniger erfolgreich angepasst. Manchmal bewusst, oft unbewusst. Wahrscheinlich ist dir dies oftmals nicht einmal aufgefallen. In anderen Situationen hast du dich vielleicht bewusst dafür entschieden, dein Verhalten zu ändern, obwohl es dir zuerst schwer fiel oder sogar unangenehm war. Mit diesen Veränderungen in deinem Verhalten hast du jedoch etwas erreicht: Schritt für Schritt bist du Teil deiner neuen Umgebung geworden. „Anpassung" war ein Werkzeug, das dir dabei geholfen hat, auch wenn es mitunter nicht immer leicht zu handhaben war. Am Ende deines Austauschjahres brauchtest du dieses Werkzeug nur noch ganz selten oder gar nicht mehr. Du hast gelernt, wie ein Einheimischer zu agieren. Und jetzt? Soll alles wieder von vorn beginnen? Bedeutet „Wiederanpassung" nicht den Verlust der Austauscherfahrung, so wie bei Fremdsprachenkenntnissen, wo Nichtbenutzung mit Vergessen bestraft wird?

5.1 Oh nein. Nicht noch einmal!

Da war ich wieder. In meiner Familie, meiner Schule, meinem Freundeskreis und meinem Sportverein. Alles war wie früher und doch war alles anders. Und nun? Sollte ich mein ganzes Austauschjahr einfach so in einer Schublade ablegen? Natürlich nicht. Dazu hatte ich nun wirklich keine Lust – aber was tun? Einfach so tun, als ob man noch im Gastland lebe? Mit den Büchern unter dem Arm und ohne Rucksack zur Schule gehen? Sich überallhin mit dem Auto fahren lassen? Jedes Wochenende zur Kirche gehen oder gerade nicht mehr? Aber wo ich auch hinblickte – immer passte irgendein großes oder kleines Detail nicht ins Bild: niemand, der bereit war, mich zu fahren; kein Spind in der Schule, in den ich meine Bücher hätte legen können, die ich gerade nicht brauchte; keine Kirche mit jungen Gläubigen; kein Autobus, der auf einen Wink mit der Hand anhielt.

Aber irgendwie war dieser Zustand auch schön. Ich war plötzlich anders als die anderen. Konnte von diesem und jenem berichten, Fotos herumzeigen und wusste, dass man dieses und jenes auch ganz anders machen kann. Und häufig machte ich das dann auch. Ich verspürte nach meinem Austauschjahr nicht wirklich das Bedürfnis, meine neu erworbenen Veränderungen einfach so aufzugeben. Warum denn auch? Schließlich war ich ja auch weg gewesen, um mich zu verändern. In meinem Austauschjahr hatte ich in vielerlei Hinsicht selbständiger entscheiden dürfen als zu Hause und hatte mehr Taschengeld zur Verfügung. Warum auch sollte das zu Hause wieder anders werden?

Freiheiten hingegen, auf die ich in meinem Austauschjahr hatte verzichten müssen, nahm ich ohne Bedenken sofort wieder in Anspruch. Ein Widerspruch? Vielleicht, aber es kam mir damals eigentlich nie in den Sinn, dass ich ohne nachzudenken jeweils das für mich Komfortabelste und Schönste aus beiden mir bekannten Welten zusammenführen wollte. Außerdem war ich ja jetzt beinahe 18 und damit reif für selbständiges Verhalten, möchte man meinen – auch wenn es dem einen oder anderen vielleicht nicht gefiel.

Zugegeben, nach dem Austauschjahr hat man eigentlich keine Lust, sich schon wieder anzupassen. Aber wie auch im Gastland ist „Anpassung" an deine Heimatkultur ein Werkzeug. Doch warum und wozu sollte man sich eigentlich wieder an die Heimatkultur anpassen?

Zunächst gibt es einen sehr praktischen Grund für die Wiederanpassung. Stell dir vor, du hast dein Leben lang erfolgreich Handball gespielt und hattest jetzt die einmalige Chance, unterstützt von einer guten Mannschaft, Volleyball zu lernen. Nach anfänglichen Schwierigkeiten, in denen du die Regeln des Spiels und bestimmte typische Bewegungsabläufe erlernen musstest, hast du echte Begeisterung an dem Spiel gefunden und beherrscht es mittlerweile ziemlich gut. Allerdings braucht deine alte Handballmannschaft dich wieder und du kehrst zu ihr zurück. Doch was würde passieren, wenn du jetzt auf dem Handballfeld Volleyball spieltest? Schon rein technisch betrachtet hättest du mit ein paar unüberwindlichen Hindernissen zu kämpfen: Auf dem Handballfeld gibt es kein Netz, und ein Handball ist wesentlich kleiner und härter als ein Volleyball. Abgesehen davon, würdest du bald feststellen, dass niemand mehr mit dir spielen will. Und kann. Zuerst wird man dich belächeln, dann auslachen und schließlich empört aus der Mannschaft schmeißen. Spielst du allerdings wieder nach allen Regeln der Kunst Handball, heißt dass nicht, dass du das Volleyballspiel automatisch verlernen wirst. Ganz im Gegenteil: Du hast jetzt sogar die Chance, in zwei Mannschaften gleichzeitig unterschiedliche Sportarten erfolgreich zu betreiben. Aber wie gesagt: Ein Handballstar wirst du bestimmt nicht, wenn du versuchst, den Handball wie einen Volleyball zu spielen.

Auf das Austauschjahr bezogen bedeutet dies Folgendes: Verhalten ist kulturspezifisch. Verhaltensweisen gehören zu einer kulturellen Gruppe, zu anderen nicht. Das kannst du im Kleinen um dich herum beobachten und dies trifft auch auf Verhaltensweisen zu, die du in deinem Austauschjahr erlernen musstest und vielleicht sogar zu schätzen gelernt hast, welche jetzt aber unangemessen sind. Während eines Bewerbungsgespräches die Nase hochzuziehen, ist hier kulturell genauso verunglimpft, wie zu jeder Verabredung aus Prinzip zwei Stunden später zu erscheinen. In einigen Kulturen ist das geräuschvolle Schnäuzen in ein Taschentuch jedoch unhöflich, so wie in anderen Kulturen Pünktlichkeit Zeitverschwendung wäre.

„Die Austauscherfahrung kann dir keiner mehr nehmen."

Um in deiner alten Heimat wieder angemessen handeln zu können, musst du dich den kulturellen Normen deiner Heimat erneut anpassen. Du kannst nicht auf Dauer im Niemandsland oder in einem Zustand des Kulturschocks leben. Wiederanpassung heißt nicht Verlust der Austauscherfahrung. Das wäre Rückanpassung. Diese Erfahrung – gelebtes Leben – kann dir keiner mehr nehmen. Du kannst sie höchstens vergessen, verdrängen oder einfach nicht nutzen, was schade und tragisch wäre. Deine große Aufgabe für die nächsten Wochen, Monate und Jahre lautet daher, deine Erfahrung in vielfältiger Weise in dein weiteres Leben zu integrieren. Dann wird sie dir nie verloren gehen.

Neben diesem praktischen Grund für die Wiederanpassung hast du gegenüber deinen Eltern die Verpflichtung und Verantwortung, wieder am Familienleben teilzunehmen und als Mitglied der Familie dazu beizutragen. Gemeinsam mit der Gastfamilie haben dir deine Eltern diese einmalige Lernchance ermöglicht. Jetzt erwarten sie und deine Gastfamilie, dass du weißt, wie du dich als Mitglied beider Gesellschaften zu verhalten hast, und du dich mit Hilfe der neu hinzugewonnen Fähigkeiten in beiden Welten bewegen und bewähren kannst. Das musst du ihnen jetzt beweisen.

5.2 Wieder dazugehören

Wiederanpassung bedeutet Reintegration in verschiedenste Gruppen, denen du vor deiner Abreise ins Austauschjahr angehört hast. Dazu gehören neben deiner Familie zum Beispiel deine Schule und dein Freundeskreis, Sportgruppen und Vereine oder deine Verwandtschaft. Auf einige wollen wir im Folgenden näher eingehen.

Familie – Eltern und Geschwister

Die Wiederanpassung an das Leben zu Hause mit den eigenen Eltern und Geschwistern ist sicher eine der wichtigsten Aufgaben eines Rückkehrers und birgt nicht selten einiges an Spannungspotential. Zunächst freuen sich beide Seiten, sich nach einem Jahr der räumlichen Trennung endlich wieder zu sehen. Kinder wollen ihren Eltern von ihren Erlebnissen erzählen und sehnen sich nicht selten auch nach der Vertrautheit der alten Umgebung. Eltern sind froh und glücklich, wenn das Kind nach so langer Zeit gesund und munter wieder im eigenen Haus lebt.

Doch Veränderungen machen sich bald bemerkbar. Austauschschüler und ihre Eltern haben während des Jahres in sehr verschiedenen kulturellen Gemeinschaften gelebt und sich in und mit diesen verändert. Dadurch fehlt ein Stück gemeinsamer Entwicklung. Deine Eltern sind weiter Teil des Entwicklungsstroms deiner alten Heimat gewesen, du jedoch Teil deiner neuen. Erinnerst du dich noch an den Vergleich mit einem Baum, der aus seinem Wald herausgenommen wurde und in einen neuen verpflanzt wurde? Dort hat er seinen Platz gefunden und seine dortigen Freiheiten und Entwicklungsmöglichkeiten genutzt. Zuhause ist es ähnlich gewesen. Auch dort haben sich alle Bäume weiterentwickelt und die Freiräume für ihre Entwicklung genutzt.

Deshalb werden sich alle Familienmitglieder in einigen Lebensbereichen sicher auch erst wieder aneinander gewöhnen müssen, wobei dieser Übergang manchmal etwas holperig verlaufen kann. Am Frustrierendsten ist aus Sicht des Rückkehrers sicher die Tatsache, dass die Eltern in ihren Rollen als Erzieher wieder präsent sind. Für viele Austauschschüler geht das Austauschjahr mit einem immensen Zuwachs an wahrgenommener Selbstständigkeit, Selbstbewusstsein und Unabhängigkeit einher. Sie haben in ihrem Reifeprozess einen deutlichen Sprung gemacht und sind in ihrem Verhalten reifer als Teenager, die nicht im Ausland waren. Die wenigsten Eltern können sich vorstellen, in welchem Maße sich ihr Kind verändert hat und erwachsen geworden ist. Vielleicht hat man in der Gastfamilie größere Freiheiten genossen als früher zu Hause. Wichtige Entscheidungen, zum Beispiel der Umgang mit Geld, waren einem selbst überlassen. Diese und andere Freiheiten und Entscheidungskompetenzen sind für den Rückkehrer nun eine Selbstverständlichkeit, die er oder sie nur ungern wieder abgeben möchte. Eltern hingegen behandeln ihr Kind nach der Rückkehr zunächst oft noch so, als wäre es nie weg gewesen, da sie einen entscheidenden Teil dieser Entwicklung verpasst haben. Sie können diesen Rückstand nur allmählich aufholen. Deshalb lautet das oberste Gebot für alle Seiten Geduld: als Eltern gegenüber dem Rückkehrer, als Rückkehrer wiederum gegenüber den Eltern, die sich der Veränderungen ihres Kindes bewusst werden und lernen müssen, diese zu akzeptieren.

Die Tatsache, dass Eltern das Austauscherlebnis nur teilweise verstehen und nachvollziehen können, ist für viele Rückkehrer ebenfalls frustrierend: Ein für dich so entscheidender Aspekt deines Lebens erfährt von deinen Eltern nur bedingt Wertschätzung, weil sie nicht Teil der Erfahrung sind. Egal wie stolz sie auf dich und das von dir Geleistete sind, sie werden das Austauschjahr nie in der gleichen Tragweite und Tiefe begreifen wie du. Irgendwo wirst du immer mit deinen Gedanken und Gefühlen allein bleiben, es sei denn, deine Eltern haben selbst einmal Ähnliches erlebt.

Eltern können dem Rückkehrer bei der Wiederanpassung helfen, indem sie ihrem Kind geduldig und interessiert zuhören. Viele werden in den folgenden Tagen, Wochen und Monaten sicherlich oft Worte hören wie: „In meinem Austauschjahr …", „Aber in …" oder „Bei meiner Gastfamilie war das so, …" Das kann anstrengend sein, aber man muss es dem Rückkehrer nachsehen. Er kann meist nicht sofort davon lassen. Auch gibt es Berge von Fotos, die angesehen werden wollen und zu jedem gibt es eine Geschichte.

„Mit einer großen Portion Geduld kann man den Rückkehrer am besten bei der Wiederanpassung unterstützen."

Doch auf viele Austauschschüler warten zu Hause nicht nur die Eltern, sondern auch ihre Geschwister. Manche Geschwisterpaare haben sich in der Zeit der Trennung sehr vermisst und freuen sich, dass endlich der große Bruder oder die Schwester wieder im Hause und man vereint gegen die Eltern stärker ist. Andere Geschwister haben die Zeit der Abwesenheit des Anderen genossen. Manche blühen in der Zeit ungeteilter Aufmerksamkeit durch die Eltern förmlich auf. In jedem Fall bringt die Rückkehr auch Veränderungen für die Geschwister mit sich, denn jetzt heißt es wieder teilen, ob Kinderzimmer oder Badezimmer, Telefon oder Computer. Positiv ist in dieser Hinsicht für viele, dass jetzt auch Pflichten im Haushalt wieder auf mehrere Schultern verteilt werden.

Für Geschwister kann es auch schwierig sein zu akzeptieren, dass der zurückgekehrte Bruder bzw. die Schwester in der ersten Zeit die volle Aufmerksamkeit der Eltern genießt. Alles dreht sich um dich, du stehst für eine Zeit im Mittelpunkt. Mancher Bruder oder manche Schwester befürchten, dass ihre eigenen Leistungen durch deine erneute Anwesenheit und die vielen Abenteuer, die du erlebt hast, in den Hintergrund treten werden. Jüngere Geschwister zeigen ihre Gefühle in dieser Hinsicht manchmal sehr deutlich, während ältere mitunter versuchen, deine Erlebnisse zu trivialisieren oder sich darüber lustig zu machen. Manche zeigen auch Gefühle der Eifersucht oder sind etwas neidisch, nicht selbst im Ausland gewesen zu sein.

Wer jedoch ältere Geschwister hat, die selbst einmal Austauschschüler waren, wird ihnen sicherlich durch den Austausch näher kommen können. Bei ihnen kannst du normalerweise mit viel Verständnis für deine Erfahrungen rechnen, da sie einmal in einer ähnlichen Situation gewesen sind und Ähnliches durchlebt haben. So hast du jemanden in der Familie, der dich aus eigener Erfahrung heraus, die noch gar nicht so lange zurückliegt, versteht.

Freunde

Ich kenne Austauschschüler, deren Freundeskreis sich nach dem Austauschjahr nicht geändert hat. Mein Bruder gehört dazu. Er wurde vorbehaltlos wieder in seine Clique aufgenommen. Nur von seiner Freundin hat er sich bald nach dem Jahr getrennt. Für viele Austauschschüler ist es jedoch eher die Regel, dass sich ihr Freundeskreis mehr oder minder ändert.

Schon im Verlauf des Austauschjahres ist dir sicher aufgefallen, dass einige deiner Freunde weniger Anteil an deinen Erlebnissen genommen haben, als du erwartet hattest, während andere dir unerwartet mit Briefen und ausführlichen E-Mails die Treue gehalten haben. Ähnlich verhält es sich auch nach deiner Rückkehr. Einige deiner Freunde werden dich als alten neuen Freund mit allen Veränderungen annehmen. Andere scheinen jetzt mit ihren Interessen meilenweit von deiner Welt entfernt und können dir unreif und kindisch vorkommen. Umgekehrt kann das natürlich auch der Fall sein, denn nicht jeder wird die bei dir stattgefundenen Veränderungen und Entwicklungen nachvollziehen oder verstehen können.

Häufig ändert sich der Freundeskreis auch durch den Wechsel der Klasse, wenn du nicht in deine alte Jahrgangsstufe zurückgehst. Der unerwartete Verlust alter Freunde kann schmerzhaft sein, möglich ist jedoch auch, dass ihr euch auch ohne das Austauschjahr früher oder später auseinander gelebt hättet. Dafür hast du im Austauschjahr neue Freunde gewonnen, die du sonst nie kennen gelernt hättest. Auf jeden Fall werden wohl von jetzt ab auch andere ehemalige Austauschschüler zu deinen Freunden zählen, denn egal wie unterschiedlich eure Interessen und Neigungen sind – eines habt ihr gemeinsam: das Austauschjahr. Und diese Erfahrung verbindet.

Die Schule

Damit deine Reintegration in den Schulalltag möglichst problemlos verläuft, solltest du schon vor und während deines Austauschjahres die entsprechenden Weichen stellen. Schon vor dem Austauschjahr sollte geklärt sein, welche Fächer du belegen musst, um das Schuljahr eventuell überspringen zu können bzw. welche weiteren Voraussetzungen dafür erfüllt werden müssen.

Ob du das Schuljahr überspringst oder nicht, solltest du in Ruhe entscheiden. Einiges spricht für das Überspringen, wie zum Beispiel die Rückkehr in deine alte Klasse. Zudem musst du so die Schulbank nicht ein Jahr länger drücken. Es gibt jedoch auch Gründe, die dagegen sprechen können. Das können rechtliche Vorgaben oder behördliche Richtlinien sein, aber auch Schwierigkeiten, in dem einen oder anderen Fach wieder den Anschluss zu finden. Wenn du nicht unbedingt das Jahr überspringen willst, bist du auch nicht gezwungen, im Ausland bestimmte Fächer zu belegen, sondern kannst aus dem Angebot der Schule frei wählen.

Erledige nach deiner Rückkehr rechtzeitig Formalitäten, die für den Weiterbesuch deiner Schule erforderlich sind. Erkundige dich bei Lehrern und Mitschülern rechtzeitig nach Büchern und sonstigen benötigten Materialien. Es kann aber auch nie schaden, ein wenig Klatsch und Tratsch nachzuholen, solange es dir hilft, die Entwicklungen des letzten Jahres in deiner alten Klasse oder an deiner Schule zumindest in Ansätzen aufzuholen.

Für viele Austauschschüler bietet es sich an, nach der Rückkehr aus dem Ausland schulisch von ihren Fremdsprachenkenntnissen zu profitieren, indem sie, soweit möglich, an ihrer Schule den entsprechenden Sprachunterricht wählen. Mit Hauptfach oder Leistungskurs Russisch, Englisch, Französisch oder auch Spanisch bzw. anderen Fremdsprachen sind einem zwar nicht immer gleich 15 Punkte sicher, aber der außerschulische Lernaufwand ist bei ehemaligen Austauschschülern sicherlich niedriger als bei anderen Mitschülern. Außerdem beschäftigst du dich so weiter mit deinem Gastland und seiner Sprache. Durch die Wahl von Fächern, in denen du durch das Austauschjahr schon Vorlauf hast, kannst du die gewonnene Zeit nutzen, andere Lücken zu schließen, die durch deine Abwesenheit entstanden sind. (Und damit ist nicht nur die Schule gemeint, sondern auch Freundschaften oder Zeit mit der Familie.)

Für Eltern

Ein Wort zum Stichwort „Fremdsprache“. Als Rückkehrer bzw. als Eltern eines ehemaligen Austauschschülers sollte man nicht unbedingt davon ausgehen, dass die jeweilige Fremdsprache jetzt perfekt beherrscht wird. Zum einen ist es ein sehr großer Unterschied, ob man Englisch, Estnisch oder Chinesisch lernt. Je nach Ausgangssprache und Vorkenntnissen ist die eine Fremdsprache leichter, die andere schwerer zu erlernen.

Und noch ein weiterer Einflussfaktor spielt eine große Rolle. Genauso wie Austauschschüler nur einen Ausschnitt aus der Kultur ihres Gastlandes ge- und erlebt haben, haben sie auch nur einen bestimmten Ausschnitt der Sprachwelt erlebt und erlernt. Als Austauschschüler lernt man, sich sprachlich in seiner Schule, in seinem Alltag, in seiner

Familie und in einer Teenager-Welt auszudrücken und zu bewegen. Man spricht angstfrei die fremde Sprache und kann sich in den Bereichen des täglichen Lebens meist sehr flüssig ausdrücken. Aber nach einem Jahr ist man als Austauschschüler mit Sicherheit nicht in der Lage, einen Fachtext, zum Beispiel zu einem komplizierten Rechtsvorfall, in der Fremdsprache zu verfassen oder detaillierte technische Anleitungen zu schreiben. Je nachdem, welche Lebensbereiche ein Austauschschüler während seines Austauschjahres kennen gelernt hat, kann er sich mehr oder weniger gut über Angeln, Viehzucht, Kochen oder Cricket unterhalten. Selbst in der eigenen Muttersprache fehlen einem in vielen technischen Bereichen oft die entsprechenden Kenntnisse und Vokabeln.

Übung:

Versuche einmal in der Sprache, die du während deines Austauschjahres gesprochen hast, ein kurzes, 20 Sätze umfassendes Statement zu folgenden Themen zu schreiben! Du wirst sehen, wie unterschiedlich leicht bzw. schwer es dir fallen wird, je nachdem wie intensiv du dich während deines Austauschjahres mit der jeweiligen Materie auseinandergesetzt hast.

- *Eishockey*
- *Geschichte deines Gastlandes*
- *Schulsystem deines Gastlandes*
- *Haltung von Angorakaninchen*
- *Steuersystem deines Gastlandes*
- *Bedienungsanleitung für einen Kühlschrank*
- *typische Musik deiner Austauschregion*

Diese Übung zeigt, dass du ein echter Experte für die von dir erlebten Ausschnitte der Lebenswelt deiner Gastkultur geworden bist, aber noch längst kein genereller Experte deines Gastlandes oder gar des von dir im Austausch bewohnten Kontinents. Diese Erkenntnis ist für manche Austauschschüler wichtig, um wieder etwas mehr Boden unter die Füße zu bekommen.

Bleiben wir noch einen Augenblick beim Thema „Schule". An dieser Stelle möchten wir etwas zu Abitur oder Matura sagen. Einige Austauschschüler kehren aus dem Ausland mit einem Schulabschluss zurück. Wer beispielsweise in den USA als Senior eingestuft war, erhält mitunter am Ende des Jahres ein „High School Diploma". Allerdings – und das sollte man nicht vergessen – berechtigt dieses Zeugnis nur bedingt zur Fortsetzung des eigenen Bildungswegs. Um an einem amerikanischen College oder einer Universität studieren zu können, muss man eine Reihe standardisierter Tests erfolgreich bestehen und sich mit den Testergebnissen bei den Schulen seiner Wahl bewerben.
Daneben gibt es in jedem Jahr Austauschschüler, die aufgrund besonderer Leistungen, beispielsweise im Sport oder in der Musik, ein Stipendium für einen Studienplatz an einem College in Aussicht gestellt bekommen. Und auch in anderen Ländern erwerben Austauschschüler manchmal in ihrem Austauschjahr die Hochschulreife. In solchen Fällen stellt sich für manche Rückkehr die Frage: Wozu noch Matura? Wozu sich durch den Abistress quälen?

Wenn es dein erklärtes Ziel ist, nach deiner Rückkehr sofort in dein Gastland auszuwandern und du damit auf den letzten Teil deines Austauschjahres, das heißt auf die Erfahrungen des Niemandslands und der Wiederanpassung, verzichten möchtest, erübrigt sich vielleicht der Schulabschluss zu Hause. Doch solltest du dir auch vor Augen führen, dass ein (nicht vorhandener) Schulabschluss in Zeiten zunehmender Mobilität und Globalisierung Weichen für das Leben stellt. Was ist, wenn du das Studium im Ausland abbrechen musst oder du dir überlegst, doch lieber in deinem Heimatland zu studieren? Ein fehlender Schulabschluss kann diese Entscheidung erheblich verkomplizieren. Einen Abschluss später nachzuholen, kostet viel Zeit und Mühe. Außerdem kann dir niemand garantieren, dass der ausländische Abschluss in deiner Heimat später anerkannt wird. Hast du das Abi- oder Maturazeugnis erst einmal in der Tasche, kannst du dich immer noch für eine Ausbildung oder ein Studium im Ausland entscheiden.

5.3 Geschafft

Wann ist man eigentlich wieder richtig zu Hause? Wieder angepasst? Wenn man nicht mehr in der vertrauten Fremdsprache träumt? Wenn man nicht dauernd meint, Leute aus dem Austauschjahr auf der Straße zu sehen? Wenn man aufgehört hat, täglich Heimat- und Gastland zu vergleichen? Wenn einem zehn Gründe einfallen, warum man gern wieder zu Hause ist? Nie?

Üblicherweise spricht man von erfolgreicher Wiederanpassung, wenn das eigene Verhalten wieder den Normen und Konventionen der Heimatkultur entspricht. Nach dem erfolgreichen Durchschreiten des Niemandslands werden diejenigen, deren oberstes Ziel es bisher war, schnellstmöglich in ihr Gastland zurückzukehren, den Punkt erreichen, sich wieder auf das Leben hier und in der Gegenwart zu konzentrieren, statt der Vergangenheit nachzuhängen. Das bedeutet nicht, dass die negativen Gefühle gegenüber der Heimat falsch oder richtig waren oder das Austauscherlebnis an Bedeutung verliert, sondern dass man nun wieder eine gefestigtere Sicht der Dinge hat. Dies gilt sowohl für das Heimat- als auch das Gastland.

Der Prozess der Wiederanpassung vollzieht sich allmählich. Er beginnt mit dem Auspacken der Koffer und endet mit der Einsicht, dass die Wiederanpassung kein „Entweder/Oder", sondern ein „Und" ist. Allmählich wird die Welt um dich herum wieder vertrauter, der Alltag setzt ein. Die mit der Rückkehr verbundenen Gefühle – Angst, Zweifel, Überwältigung – verlieren an Intensität. Mit einem zunehmend objektiveren Blick auf Heimat- und Gastland gefallen dir auch jetzt wieder mehr Dinge am Leben in deiner Heimat als vielleicht noch vor wenigen Tagen, Wochen oder Monaten.

Übung: *Nenne 8 Gründe, warum du gern wieder zu Hause bist!*

....

....

....

....

....

....

Wenn du es geschafft hast, wieder erfolgreich am Leben zu Hause teilzunehmen, wirst du zu deiner großen Erleichterung feststellen, dass dein Austauschjahr auf dem Weg nach Hause nicht verloren gegangen ist. Im Gegenteil: Du bist um einen großen Schatz reicher. Eine Austauschschülerin meinte einmal: „Austausch bedeutet, mit Unterschieden, Gemeinsamkeiten und Vorurteilen umzugehen. Nicht vorschnell zu urteilen, sondern innezuhalten, zu beobachten, statt zu werten. Den Blick für die feinen Verknüpfungen von Situationen und Dingen in der eigenen Umgebung zu schärfen. Austausch bedeutet Vermittlung. Vermittlung zwischen Gastfamilie und anderen Menschen, denen man begegnet. Vermittlung zwischen Heimat- und Gastland – nicht bei den großen Themen, sondern im täglichen Leben."

5.4 Meine Heimat

Es gibt nur wenige Begriffe, die für einen Austauschschüler so bedeutungsträchtig sind wie dieser. Was heißt eigentlich Heimat? Das Universal Wörterbuch der Deutschen Sprache definiert „Heimat" als den Ort, an dem man geboren und aufgewachsen ist. Ein Haus, ein Dorf, eine Stadt, ein Land. Die Sprache, die man dort spricht. All das ist Heimat. Hier gelten Normen und Werte, mit denen man von klein auf vertraut gemacht wurde. Man kennt die Regeln, nach denen sich Menschen verhalten, ist vertraut mit Sitten und Gebräuchen und verhält sich bewusst und unbewusst meist so, dass man im Alltag nicht anstößt. Das eigene Verhalten und das der Mitmenschen folgt voraussehbaren Mustern: Man begrüßt sich mit Handschlag, sagt vor dem Essen „Guten Appetit" oder „Mahlzeit" und erwartet, dass ein Zug pünktlich ein- und abfährt. Und wenn er das nicht tut, gehört es zu den üblichen Gepflogenheiten, sich darüber zu beschweren. Zur Heimat gehören auch die vertrauten Menschen im persönlichen Umfeld: die eigene Familie, Freunde, Bekannte, die Frau vom Gemüseladen an der Ecke und der Postbote, Nachbarn und schließlich auch die ortsansässige Fußballmannschaft, ein einheimischer Rockmusiker oder eine Lokalpolitikerin.

„Heimat ist kein Ort.
Heimat ist ein Gefühl."

(Herbert Grönemeyer)

Doch warum beschäftigen wir uns eigentlich mit diesem Thema, wenn ohnehin klar ist, wo ein jeder seine Heimat hat? Warum ist dieser Begriff für einen Austauschschüler so bedeutungsvoll? Als ehemaliger Austauschschüler, und das bist du dann, wenn du deine Rückkehr erfolgreich gemeistert und dich in deinem alten Zuhause wieder eingefunden hast, gehörst du zu den Menschen, die aus eigener Erfahrung gelernt haben, dass Heimat nicht unbedingt ein Ort ist, und schon gar nicht unbedingt der Ort, an dem man geboren wurde. Mit dieser Erkenntnis bist du zumindest schon einmal schlauer als das Universal Wörterbuch der Deutschen Sprache.

Heimat ist mehr. Es ist nicht nur die Umgebung, in der man als kleines Kind gelernt hat, sich kulturspezifisch korrekt zu verhalten, sondern auch die Umgebung, in der man sich wohl fühlt, sicher und zugehörig. Dort, wo man gern lebt und es Menschen gibt, die einem etwas bedeuten, Menschen, die man versteht und Menschen, die einen selbst verstehen. Eine Umgebung, in der man sich aufgehoben fühlt. Was Menschen als ihre Heimat bezeichnen, ist also weniger eine Sache der Geburt, sondern eine

Sache gemeinsam verbrachter Zeit, gemeinsam gelebten Lebens und dem Gefühl der Geborgenheit und Dazugehörigkeit zu einer Umgebung, einem Ort und einer Gruppe von Menschen.

Deshalb ist es möglich, sich an zwei Orten zu Hause zu fühlen, an zwei Orten eine Heimat zu haben. Viele Austauschschüler berichten davon. Sie haben immer Heimweh oder Fernweh, je nachdem, wie man es betrachtet. Wenn sie in ihrer alten Heimat sind, zieht es sie immer auch zurück in die neue – und wenn sie in ihrer neuen Heimat sind, vermissen sie ihr anderes Zuhause. Ein wunderbares, aber nicht immer leichtes Gefühl, das das Leben eines Rückkehrers auch manchmal mit etwas Schwermut versehen kann.

Heimat ist aber noch mehr. Heimat hat auch immer etwas mit Erinnerung zu tun. Und Erinnerung kann bekanntlich täuschen. Nicht immer ist die Heimat der Ort, an dem die Winter jedes Jahr schneereich und kalt waren, obwohl es eigentlich nicht erst seit der globalen Erwärmung häufiger graues Nieselwetter gibt. Nicht immer ist die Heimat die Umgebung, in der die Menschen freundlicher und das Gras sprichwörtlich grüner ist. Oft existiert ein Bild in unserem Kopf, das nicht unbedingt dem entspricht, was wir wahrnehmen, wenn wir uns vor Ort befinden. Auch das ist nichts Ungewöhnliches, nur sollten sich Rückkehrer dies immer mal wieder bewusst machen, wenn sie in den ersten Monaten und vielleicht noch Jahren nach der Rückkehr dazu tendieren, sich die Austauschheimat etwas rosiger auszumalen, als sie vielleicht war oder ist. Mir fiel dies auf, als ich meine Gasteltern zum ersten Mal nach meinem Austauschjahr besuchte. Erneut lebten wir wieder für einige Wochen gemeinsam unter einem Dach, was sehr schön war – keine Frage. Aber es war bei weitem nicht so idyllisch, wie ich es mir all die Jahre zwischen meiner Rückkehr aus dem Austauschjahr und diesem ersten Besuch vorgestellt hatte. Plötzlich fielen mir auch wieder die großen und kleinen Widersprüche meines Gastlandes auf und die Gewohnheiten meiner Gasteltern, an die ich mich schon in meinem Austauschjahr nur mit Mühe angepasst hatte.

Diese Erfahrungen haben mir geholfen, auch meine zweite Heimat etwas kritischer, aber immer noch mit einem Augenzwinkern zu betrachten. Und dabei fiel mir wieder auf, was mir vor meiner Rückkehr eigentlich schon bewusst war, in der Zeit danach aber schnell in Vergessenheit geriet oder von mir verdrängt wurde: Auch meine zweite Heimat hat Ecken und Kanten. Lediglich andere als meine erste Heimat.

Im Folgenden findest du Auszüge aus einem Fragebogen, den der Schriftsteller Max Frisch einst zum Thema „Heimat" entworfen hat. *Versuche einmal die Fragen ehrlich für dich zu beantworten!*

1. Wenn Sie sich in der Fremde aufhalten und Landsleute treffen: Befällt Sie dann Heimweh oder dann gerade nicht?
2. Hat Heimat für Sie eine Flagge?
3. Worauf können Sie verzichten: a) auf Heimat? b) auf Vaterland? c) auf die Fremde?
4. Was bezeichnen Sie als Heimat: a) ein Dorf? b) eine Stadt oder ein Quartier darin? c) einen Sprachraum? d) einen Erdteil? e) eine Wohnung?
5. Was lieben Sie an Ihrer Heimat besonders: a) die Landschaft? b) dass Ihnen die Leute ähnlich sind in ihren Gewohnheiten, d.h. dass Sie sich den Leuten angepasst haben und daher mit

Einverständnis rechnen können? c) das Brauchtum? d) dass Sie dort ohne Fremdsprache auskommen? e) Erinnerungen an die Kindheit?

6. Haben Sie schon Auswanderung erwogen?
7. Welche Speisen essen Sie aus Heimweh und fühlen Sie sich dadurch in der Welt geborgener?
8. Wie viel Heimat brauchen Sie?
9. Insofern Heimat der landschaftliche und gesellschaftliche Bezirk ist, wo Sie geboren und aufgewachsen sind, ist Heimat unvertauschbar: Sind Sie dafür dankbar?
10. Wem?
11. Was macht Sie heimatlos: a) Arbeitslosigkeit. b) Vertreibung aus politischen Gründen? c) Karriere in der Fremde? d) Dass Sie in zunehmendem Grad anders denken als die Menschen, die den gleichen Bezirk als Heimat bezeichnen wie Sie und ihn beherrschen? e) ein Fahneneid, der missbraucht wird?
12. Haben Sie eine zweite Heimat? Und wenn ja: Welche? Wo?
13. Können Sie sich eine dritte und vierte Heimat vorstellen oder bleibt es dann wieder bei der ersten?
14. Kann Ideologie zu einer Heimat werden?
15. Auch Soldaten auf fremdem Territorium fallen bekanntlich für die Heimat: Wer bestimmt, was sie der Heimat schulden?
16. Können Sie sich überhaupt ohne Heimat denken?
17. Woraus schließen Sie, dass Tiere wie Gazellen, Nilpferde, Bären, Pinguine, Tiger, Schimpansen usw., die hinter Gittern oder in Gehegen aufwachsen, den Zoo nicht als Heimat empfinden?

Das war's!? *von Laura Banse*

Manche Tage vergehen einfach und schon drei Wochen danach weiß man nicht mehr, was man an diesem oder jenem Tag gemacht hat. Und manchmal ist es, als ob der Tag nie passiert wäre. Nur der Kalender erinnert einen daran, dass dieses Datum tatsächlich existiert hat. Mir geht es damit nicht anders. Doch manches Geschehene bleibt fest mit einem bestimmten Tag verbunden und noch Jahre später kann ich mich an Eindrücke, Gefühle und teilweise auch an die banalsten Kleinigkeiten besinnen.

Ich war seit knapp einem Monat wieder aus dem Austauschjahr nach Deutschland zurückgekehrt. Meine Perspektiven nach einem Jahr USA lagen mir deutlich vor Augen, denn die Rückkehr in die neue, alte Heimat war schon beim Reiseantritt in die Staaten völlig klar gewesen. Trotzdem wurde ich das Gefühl nicht los, nur auf Urlaub nach Deutschland gekommen zu sein. Es schien mir, als ob ich nach zwei Wochen wieder in die USA zurückfahren und meinem dortigem Leben wieder nachgehen würde, denn auch dort hatte ich eine Art neue Familie, Freunde und Bekanntenkreis gefunden, die schon nach wenigen Monaten meines Aufenthaltes fest zu meinem Leben gehörten und die ich auch nicht mehr hätte wegdenken können. Mein Leben wurde durch das konstante Warten auf eine Wendung des Schicksals gelenkt. Die Hoffnung, doch nur für einige Wochen „back home" zu bleiben und dann wieder in ein Land zu reisen, was ein Teil von mir geworden war. Doch auch bei der Träumerei wusste ich, dass dies nicht eintreten würde. Ich war wieder nach Deutschland gekommen und würde dort auch bleiben. Der Gedanke, den Rest meines Lebens hier verbringen zu müssen, denn ich interpretierte mein Wieder-

kommen als Zwang, entfachte ein Gefühl von Enttäuschung und Traurigkeit.

Es war das dritte Wochenende im September 2002, das mein Denken bezüglich meiner Rückkehr prägend beeinflusste. Meine Austauschorganisation hatte zu einem Nachtreffen eingeladen. Die Veranstaltung fand in der Nähe von Zeitz statt und sollte den zurückgekehrten Austauschschülern die Möglichkeit geben, über das Erlebte zu berichten. Ältere ehemalige Austauschschüler standen bereit, bei Problemen in der alten Heimat Hilfestellung zu leisten. Die meisten Teilnehmer waren mir bekannt, da wir uns schon von vorangegangenen Treffen kannten. Es herrschte allgemeine Wiedersehensfreude. Im Nachhinein betrachtet bedeutete mir dieses Treffen nicht sehr viel, denn ich hatte zu diesem Zeitpunkt viel zu sehr mit mir selbst zu kämpfen, als mich mit den Problemen anderer zu befassen oder konstruktiven Rat von weitaus Erfahreneren anzunehmen. Aber die Worte von einem der Organisatoren blieben mir fest in Erinnerung. „Ihr seid nun keine Austauschschüler mehr!"

Immer wieder hallten diese Worte durch meinen Kopf und ich wollte sie nicht verstehen. Heute weiß ich, dass ich sie nicht akzeptieren wollte. Der schlichte Beisatz: „Ihr seid jetzt Ehemalige", beruhigte mich in keiner Weise. Zahlreiche Gedanken schossen mir durch den Kopf. Seit meinem ersten USA Aufenthalt im Jahr 1996 wollte ich nichts mehr als Austauschschülerin sein, bis ich es wurde. Und nun sollte es das gewesen sein? Einfach so? Ich konnte es einfach nicht glauben. Und eine weitere Frage drängte sich mir auf. Und was ist jetzt?

Wiederum überkam mich die Traurigkeit, auch wenn mich diese Konsequenz objektiv betrachtet nicht überraschte. Doch die Konfrontation, der ich nun nicht mehr ausweichen konnte, lag nicht mehr in der Ferne, wie es in der Zeit meines Auslandsaufenthaltes gewesen war. Nun konnte ich mich nicht mehr drücken, denn die Realität der alten, neuen Heimat hatte mich eingeholt. Ich war wieder zurück und das Abenteuer Austauschjahr lag hinter mir.

Deutschland erschien mir trostlos, grau und langweilig, denn ich idealisierte das Gastland. Kein Ort oder Erlebnis konnte so schön, bunt und erfüllend wie mein „neues" Zuhause sein, denn ich gab meiner Umwelt keine Chance. Ich vermisste plötzlich Kleinigkeiten, die ich noch während des Austauschjahres nicht einmal als aufregend empfunden hatte. Mich ärgerte sogar die Tatsache, dass ich sonntags nicht einkaufen konnte oder keinen Oregon Chai mehr trinken konnte.

Ich schämte mich zuweilen für diese negative Einstellung, da ich damit meine deutsche Familie und meinen deutschen Freundeskreis verletzte. Ihre verständnislosen Augen schauten mich immer wieder fragend an. Sie hatten die ganze Zeit auf mich gewartet und sich nichts mehr gewünscht, als mich wieder in ihre Arme schließen zu können. Und was tat ich? Ich wollte eigentlich nichts mehr als zurück. Natürlich hatte ich sie auch vermisst und auch ich wollte sie wieder in meiner Nähe haben, aber das Gefühl des Fernwehs überdeckte jede Wiedersehensfreude in mir. Am liebsten hätte ich sie alle mit zurück genommen, um ihnen zu zeigen, woran mein kleines Herzchen so hing. Sie wollten mich verstehen und auch die Liebe zu diesem doch für sie fremden Land, aber Hemmungen stoppten mich bei vielen meiner Versuche, etwas zu berichten, da ich Angst hatte, sie noch mehr vor den Kopf zu stoßen. Ich hatte Angst vor Unverständnis und Eifersucht. Denn auch ohne viel zu erzählen, wusste ich, dass meine Eltern fürchteten, mich an ein fremdes Land, eine fremde Familie und ein fremdes Leben zu verlieren.

Ich versuchte mich daraufhin abzulenken, nicht an meine amerikanischen Freunde und Familie denken zu müssen. Mein Fotoalbum mit den gesammelten Eindrücken meines Austauschjahres verschwand in den Tiefen meines Schrankes. Fragen nach meinem „Abenteuer" wimmelte ich mit nichts sagenden Antworten ab und bildete mir ein, somit dieses Jahr und dessen emotionale Konsequenzen verarbeiten zu können. Es schien auch keinen in meinem Umfeld zu stören. Es kam mir eher so vor, als ob sie damit besser klar kamen, weil die Auseinandersetzung mit mir und meinen Gefühlen sehr schwierig für sie gewesen wäre. Denn die Angst vor dem Unbekannten hatte nämlich auch in ihnen Hemmungen aufgebaut. Einige meiner Freunde bestätigen mir heute, dass es kompliziert für sie war, mir Fragen zu stellen oder mich einfach zu fragen, wie es mir wirklich geht. Sie hatten Angst vor meinen Antworten, denn sie fürchteten, mich nicht verstehen zu können. Sie meinten, dass sie das Gefühl gehabt hatten, nicht mit mir reden zu können. Auch meine engsten Freunde berichteten mir von ähnlichen Eindrücken. Und ich weiß, dass ich dieses sicherlich auch ausgestrahlt und oftmals egoistisch und abweisend gehandelt habe.

Weihnachten rückte immer näher und genauso wie es mir der Mitarbeiter meiner Austauschorganisation vor meinem Austauschjahr warnend erzählt hatte, nämlich dass es schwer in der Fremde sein würde, diesen Feiertag zu überstehen, ging es mir mit dem Weihnachtsfest in Deutschland nicht anders. Ohne es wirklich zu wollen, zog ich Vergleiche mit dem Erlebten aus dem vergangenen Jahr. Ich vermisste meine Gastfamilie und freute mich gleichzeitig, die Festtage mit meiner deutschen Familie verbringen zu können. Und zu diesem Zeitpunkt schossen mir wieder die Worte vom September durch den Kopf.

Ich war seit einem halben Jahr schon wieder zu Hause und trotzdem schmerzte mein Herz beim bloßen Gedanken an meine USA-Eindrücke. Ich machte mit dieser Feststellung den vielleicht wichtigsten Schritt seit meiner Ankunft. Ich gestand mir ein, dass ich froh war, wieder in Deutschland zu sein, aber trotzdem traurig, mein Leben nicht mehr in den Staaten verbringen zu können! Ich musste erkennen, dass es nicht Deutschland gewesen war, was mich so traurig gemacht hatte, sondern der Umstand, nicht mehr in den USA zu sein.

Für diese simple Erkenntnis hatte ich Monate gebraucht und ich erkannte stückweise, dass es wohl noch einige Monate mehr brauchen würde, um voll zu akzeptieren, dass ich vielleicht keine Austauschschülerin mehr war, aber durchaus eine Ehemalige. Der Gedanke daran tat mir auch nicht mehr so weh, wie er es noch im September getan hatte. Ich erinnerte mich daran, wie schön Deutschland auf mich während meiner Austauschzeit gewirkt hatte, denn damals konnte ich nur die Dinge sehen, die ich in Amerika nicht hatte und die auch in gewisser Weise einmalig für Deutschland sind. Der gesunde Abstand, der von vielen so hoch gelobt wird, stellte sich für mich in Bezug auf Deutschland als eine Falle heraus. Durch den wenigen Kontakt zum Vaterland hatte ich ein verzerrtes Bild von meiner Heimat gemalt. Und ich begann zu fürchten, dass ich auch die USA ähnlich unrealistisch einschätzte.

Natürlich konnte ich mich umsonst um absolute Objektivität bemühen, aber nun versuchte ich, die Stärken und Schwächen beider Länder zu erkennen. Und das Resultat war denkbar einfach. Ich liebte und liebe die Stärken dieser beiden Länder und akzeptiere auch deren Schwächen. Eine neue Heimat habe ich sicherlich in den Staaten gefunden, aber auch der kleine verträumte Harzort, in dem ich wohne, ist meine Heimat.

Wahrscheinlich heilt die Zeit tatsächlich alle Wunden, denn auch sie hat meinen Rückkehrkulturschock geheilt. Oder vielleicht musste ich erst erkennen, dass das Ende meines Austauschschülerdaseins der Anfang meines weiteren Lebenswegs ist. Um meinen beiden Familien zu helfen, mich zu verstehen, schrieb ich ihnen folgendes Gedicht:

Two different worlds – und doch immer zusammen

Coming from an old world,
Standing in front of your door,
You took me in and held my hand,
When times got rough and wind was cold.

Ich ließ euch allein und ging in ein fernes Land,
ohne zu fragen, das Abenteuer im Kopf.
Ihr wart immer da, auch wenn ganz weit weg,
die gemeinsame Liebe, das stärkste Band.

I became your little girl,
You shared sorrow and joy with me.
Even when I did not want to talk,
You found a way to talk to me.

Und wenn die Welt ganz leer mir schien,
ein Wort von euch, und gefüllt ward sie.
Und hatte ich auch das größte Abenteuer,
zu wissen, dass ihr mich liebt, war noch viel wundervoller.

Two different worlds
Ich versuch' sie zu verbinden,
Having such true love from both of you,
Macht mich zum reichsten Menschen der Welt.
So, forget about the differences!
Wir sind nicht so verschieden!
We share the love – we always will.
Wir gehören zusammen – immer zusammen.

Tipps für eine weiche Landung – Wiederanpassung

Tipps für Austauschschüler

Kontakt mit Gastfamilie, Freunden im Gastland und Ausländern im Heimatland halten

Den Kontakt zu deiner Gastfamilie und Freunden im Gastland solltest du halten. Vielleicht gelingt es dir auch, dich in deinem Heimatland mit Menschen aus deinem Gastland anzufreunden und ihnen zu helfen, sich hier zurechtzufinden. Durch den Kontakt kannst du deine Sprachkenntnisse immer wieder auffrischen und dein Austauscherlebnis in gewisser Weise fortführen und anwenden.

Austauscherfahrungen einsetzen

Der beste Weg, deine Austauscherfahrungen zu verarbeiten, ist die Anwendung im täglichen Leben. Es gibt unzählige Möglichkeiten, selbst im Alltag interkulturelle Kompetenz zu beweisen, zum Beispiel bei einem internationalen Projekt deiner Schule oder der Unterstützung von neu hinzugezogenen Immigranten bei ihrer Integration in ihr neues Umfeld. Suche dir das Betätigungsfeld, das am besten deinen Interessen und Neigungen entspricht.

Mehr dazu findest du auch im folgenden Kapitel.

6.

DIE NÄCHSTEN SCHRITTE

Nun bist du also wieder daheim angekommen in einem deiner zwei Zuhause. Jetzt kannst du dich in ein neues großes Abenteuer stürzen: deine Erfahrungen aus dem Austausch im täglichen Leben anzuwenden. Aber wie macht man das? Wozu kannst du das in deinem Austauschjahr Gelernte einsetzen? Oder wird es vielleicht doch eines Tages verloren gehen?

6.1 Dran bleiben

Wenn du dich bemühst, die Erfahrung deines Austauschjahres weiterleben zu lassen, wird sie dir auch niemand nehmen können. Viele durch den Austausch bedingte Veränderungen sind jetzt Teil deiner Persönlichkeit und werden es auch bleiben. Vielleicht wirkst du nach deinem Austauschjahr auf andere selbstsicherer, selbstbewusster oder extrovertierter? Vielleicht bist du jetzt mit chronischem Fernweh infiziert? Leider kann dir dennoch ein Teil der Austauscherfahrung abhanden kommen, zum Beispiel Sprachkenntnisse und Kulturwissen. Um diese zu erhalten, bedarf es etwas Mühe. Mit jedem Tag, den du länger zu Hause bist, rückt das Austauschjahr in die Ferne. Mit einem kleinen Schreck wirst du irgendwann feststellen, dass dir der Name eines entfernten

Verwandten deiner Gastfamilie nicht mehr einfällt oder die Bezeichnung für „Zange" auf Dänisch, Chinesisch oder Indonesisch. Schnell kann einiges aus dem Jahr wieder in Vergessenheit geraten, wenn du dich nicht aktiv darum bemühst.

Vor allem Sprachkenntnisse können so schnell verstauben, wie du sie erworben hast. Deshalb musst du einiges dafür tun, damit dir nicht bald die Vokabeln fehlen. Viele Austauschschüler lesen regelmäßig Bücher oder Zeitschriften in der Fremdsprache, sehen sich Filme im Originalton an, halten Kontakt zu ihrer Gastfamilie, Freunden und anderen Menschen im Gastland und nehmen Kontakt zu Muttersprachlern vor Ort auf. Wenn du auch im Hinblick auf die politische, wirtschaftliche, gesellschaftliche, wissenschaftliche und künstlerische Entwicklung deines Gastlandes auf dem Laufenden bleiben willst, bietet das Internet eine Fülle von Möglichkeiten. Viele Zeitungen und Publikationen sind mittlerweile online abrufbar.

Der regelmäßige Kontakt zu deiner Gastfamilie und Freunden wird dir auch helfen, viele Erinnerungen zu bewahren und immer wieder aufzufrischen, an die Erlebnisse deines Jahres anzuknüpfen und Sprachkenntnisse lebendig zu halten. Der Auslandsaufenthalt ist zwar vorüber, doch durch den Kontakt scheint er oft noch für eine ganze Weile länger anzuhalten. Allerdings solltest du nicht enttäuscht sein, wenn irgendwann die Meldungen aus dem Gastland spärlicher werden. Dies kann durchaus vorkommen, da du nicht mehr physisch am Leben deiner Gastfamilie teilnimmst. Deshalb ist es auch deine Aufgabe, den Kontakt zu pflegen, regelmäßig von dir hören zu lassen und nicht auf jeden Brief oder jede E-Mail unbedingt eine Antwort zu erwarten.

Für den unkomplizierten Kontakt hat sich in den vergangenen Jahren E-Mail sehr bewährt. Die elektronische Kommunikation ist in unserer schnelllebigen Welt leichter aufrechtzuerhalten, weil es keiner langen Briefe oder Telefonate bedarf. Leider ist damit aber auch der Brief schon fast gänzlich aus unserem Leben verschwunden, eine Tatsache, die mich ein wenig schmerzt. Mit einem Brief hat man immer ein wenig mehr über den Menschen erfahren, der ihn schrieb. Schon allein, weil das Schreiben eines Briefes Ruhe, Konzentration und Zeit in Anspruch nimmt. Außerdem wird man nicht von der nächsten E-Mail auf Platz zwei, drei oder vier der Anzeige, und somit aus dem Auge des Empfängers verdrängt, sondern der Brief liegt meist auf dem Nachttisch oder an einem anderen Ort, an dem er nicht so schnell in Vergessenheit gerät.

6.2 Zwischenbilanz

Es mag komisch erscheinen, am Ende des Austauschjahres eine Zwischenbilanz zu ziehen, will man doch in unserer Kultur zumeist nur wissen, was unter dem Stich herauskommt. Gerade Eltern beschäftigt diese Frage enorm, vor allem dann, wenn Rückkehr und Wiederanpassung schwierig waren und sie den Eindruck haben, das Austauschjahr habe mehr Probleme gebracht als Erfolge. Aber was macht ein Austauschjahr überhaupt erfolgreich und wie misst man diesen Erfolg? Die Meinungen dazu gehen weit auseinander. Bisher fehlt es noch an einschlägigen Instrumenten, mit denen man den Erfolg eines Austauschjahrs messen kann und viele sind sich sicher, dass es so ein Instrument wohl gar nicht geben kann. Dazu seien die Ergebnisse eines Austauschjahres zu umfassend, die Erlebnisse zu verschieden und das Gelernte zu facettenreich und vielschichtig. Wohl aber ist es möglich, punktuelle Veränderungen und Ergebnisse festzustellen. Obwohl sich viele Ergebnisse erst im Laufe von Jahren herauskristallisieren, wollen wir im Folgenden kurz einige typische Fähigkeiten nennen, die sich im Laufe des Austausches herausbilden oder die durch den Auslandsaufenthalt gefördert werden. Bereits am Anfang des Buches haben wir einen Blick zurück geworfen auf das, was du in deinem Jahr erreicht hast. Die Liste dürfte – vielleicht zu deiner Überraschung – lang sein. Teil einer fremden Kultur zu werden, ist ein großer Erfolg, der sich auf vielen Ebenen äußert.

Persönliche Fähigkeiten

Ein Austauschjahr bringt in der Regel einen großen Zuwachs an Selbstvertrauen und Selbstständigkeit. Während des Jahres, insbesondere am Anfang, warst du sicher in vielen Situationen trotz der Unterstützung durch Gastfamilie und Freunde und den Zuspruch deiner leiblichen Eltern auf dich allein gestellt und zunächst einmal überfordert. Selbstständig musstest du wichtige Entscheidungen treffen, z.B. über die Teilnahme an bestimmten Schulfächern oder außerschulischen Aktivitäten oder den Umgang mit Taschengeld. Kulturelle Fettnäpfchen lauerten gerade am Anfang überall, die auch mit elterlichem Rat kaum zu umschiffen waren: Sei es der richtige Umgang mit den Essstäbchen oder offene und geschlossene Badezimmertüren. Und wahrscheinlich konnte dir auch deine beste Freundin zu Hause nicht bei den komplizierten Dating-Regeln weiterhelfen. Die meisten Probleme wirst du aber mehr oder minder ohne fremde Hilfe gemeistert haben. Diese Erfahrungen werden dir in der Zukunft helfen, andere Herausforderungen mit Bravur zu bewältigen.

Viele Austauschschüler gewinnen durch das Jahr auch an Offenheit und Selbstbewusstsein, schließlich ist man als Austauschschüler gezwungen, auf andere Menschen zuzugehen und in einer Fremdsprache zu kommunizieren. Insgesamt trägt das Austauschjahr zu einem immensen Zuwachs an menschlicher Reife bei im Vergleich zu den Altersgenossen, die zu Hause geblieben sind.

Kulturelles Wissen und kulturelle Fertigkeiten

Während des Austauschjahres hast du einen großen Schatz an kulturspezifischem Wissen erworben. Zu Recht darfst du dich in gewisser Weise als Experten für das Familien- und Schulleben deines Gastlandes verstehen. Du hast sicher einiges über die Geschichte, die Politik, Geografie, wissenschaftliche Entwicklung, Kunst und sozialen Strukturen deiner Austauschumgebung gelernt. Du weißt manches über die typische Küche, das Fernsehen und beliebte Freizeitaktivitäten. Außerdem hast du in deinem Austauschjahr auch kulturspezifische Verhaltensweisen kennen gelernt und diese im Alltag praktiziert. Du weißt also nicht nur viel über die Lebenswelt deines Gastlandes, sondern auch, wie man sich dort als Einheimischer bewegen muss. Außerdem hast du sicher die Landessprache zumindest in Grundzügen erlernt, um dich mit Menschen dort verständigen zu können.

All dieses Wissen und diese Fähigkeiten kannst du in vielfältiger Weise anwenden und einsetzen. Du kannst Menschen in deiner Heimat dein Gastland und seine Bewohner näher bringen. Manchmal wirst du erstaunt sein, wie wenig über ein bestimmtes Land wirklich bekannt ist bzw. wie wenig die Realität mit dem in den Medien vermittelten Bildern übereinstimmt. Du kannst auch

Menschen aus deinem Gastland, die jetzt in deinem Heimatland leben, bei ihrer Anpassung an deine Heimatkultur helfen. Oder du kannst deine Sprachkenntnisse und dein Kulturwissen vielleicht später sogar im Beruf nutzen, wenn du in einem internationalen Umfeld tätig bist.

Interkulturelle Fähigkeiten

In deinem Austauschjahr und vor allem durch die Wiederanpassung an deine Heimatkultur hast du gelernt, in zwei Kulturen zu leben und erfolgreich handeln zu können. In jeder dieser beiden Kulturen kannst du dich jetzt wie ein Angehöriger der jeweiligen Kultur bewegen, ohne aufzufallen – abgesehen vielleicht von eventuellen Unterschieden im Aussehen, die auch durch noch so große Anpassungsbereitschaft für keinen Austauschschüler überwindbar sind. Durch dich sind beide Welten näher aneinander gerückt. Auf diese Leistung der Anpassung und des Verständnisses für eine fremde Kultur kannst du in deinem Leben immer wieder aufbauen, z.B. wenn du dich entschließt, einen Teil deines Studiums im Ausland zu absolvieren, in internationalen Projekten, bei Begegnungen im Alltag oder wenn du später einmal beruflich im Ausland tätig bist. Überall gibt es unzählige Möglichkeiten für Toleranz, Respekt und interkulturelle Verständigung.

Eine andere wichtige interkulturelle Fähigkeit, die Austauschschüler im Zug der Anpassung an ihre Gastkultur erwerben, ist die Fähigkeit zum Perspektivwechsel. Sie haben gelernt, die Welt aus den Augen eines Fremden zu betrachten. Diese Fähigkeit ist ein wichtiger Schritt auf dem Weg zu interkulturellem Verständnis und nützt nicht nur in interkulturellen Begegnungen. Versuch doch einfach mal, die Welt aus den Augen deiner Freundin bzw. deines Freundes zu sehen, wenn du dich das nächste Mal mit ihm oder ihr streitest!

Und noch eine wichtige interkulturelle Fähigkeit kommt hinzu, die du im Austausch erwerben kannst: die Fähigkeit, sich in andere Menschen hineinzuversetzen. Sie wird auch als Empathiefähigkeit bezeichnet. Empathie geht noch einen Schritt weiter als der Perspektivwechsel, denn du lässt dich auf die Gefühle deines Gegenübers ein. Dir ist es möglich, dich in die Erlebnis- und Gefühlswelt deines Gegenübers hineinzuversetzen. Das erfordert vor allem Bereitschaft, sich auf den Anderen einzulassen. Wenn du diese Offenheit mitbringst, wird dir diese Fähigkeit im Alltag von großem Nutzen sein. Denn wenn du in der Lage bist, ein Problem aus der Sicht eines anderen Menschen zu sehen und dich auch emotional in ihn hineinversetzen kannst, bist du auf dem richtigen Weg zu echtem Verständnis, was übrigens nicht bedeutet, dass du die Handlungen des Anderen per se billigen musst. Hier ein Beispiel:

Bei einem längeren Aufenthalt in Südafrika bin ich selbst in verschiedener Weise mit dem Thema „Rassismus“ konfrontiert worden. Zum einen durch meine Gastfamilie, in der dieses Thema direkt und indirekt immer wieder angesprochen wurde. Zum anderen weil man mich selbst manchmal aufgrund meiner Hautfarbe merkwürdig ansah. Im Alltag habe ich erfahren, warum meine Gasteltern sich des Öfteren abfällig über Menschen anderer Hautfarbe äußerten. Aus ihrer Sicht konnte ich ihre Bedenken sogar zu einem guten Stück nachvollziehen, nachdem ich eine Weile ihr Leben miterlebt hatte. Dieses interkulturelle Verständnis bedeutete jedoch noch lange nicht, dass ich auch die dahinterliegenden Werte guthieß. Vielmehr gaben mir diese Einblicke in eine andere Welt die Möglichkeit, auch meine eigenen positiven und negativen Vorurteile zu relativieren und Meinungen, Haltungen und Werte objektiver vergleichen zu können.

6.3 Mittler zwischen den Kulturen

Bei den meisten Austauschschülern nimmt das Gastland einen ganz besonderen Platz im Herzen ein. Du verbindest mit ihm viele schöne und wahrscheinlich auch einige weniger angenehme Erinnerungen, wobei jedoch meist die positiven Erlebnisse überdauern, während der Rest verdrängt wird und verschwimmt. Wird dein Gastland zu Hause kritisiert, nimmst du oft sicher bewusst oder unbewusst eine Verteidigungshaltung gegenüber der „zweiten Heimat" ein. Doch eigentlich kannst du jetzt mehr, als deine zweite Heimat zu verteidigen. Mit deinem erworbenen Wissen, deinen Fähigkeiten und hinzugewonnenen Talenten hast du jetzt die Möglichkeit, Vorurteile abzubauen und zu mehr Akzeptanz und Verständnis für die Menschen deiner Gastheimat beizutragen. Das gelingt meistens nicht mit Diskussionen oder Argumentationen, welche die Trennung im Kopf und die Abgrenzung von „den Anderen" meist noch verstärken. Vielmehr kannst du mit der hinzugewonnenen Sensibilität für fremde Kulturen und Einfühlungsvermögen hier weit mehr erreichen, indem du die Menschen langsam einander näher bringst und Verständnis füreinander weckst.

Du kannst anderen an erlebten Beispielen glaubhaft darstellen, dass die eine Welt nicht unbedingt besser als die andere ist, sondern zumeist einfach anders. Du weißt, welche Elemente der einen Kultur für Angehörige der anderen schwer verständlich sind, welche eine andere Funktion erfüllen oder welche Antwort die eine Kultur im Vergleich zur anderen auf ein bestimmtes Problem gefunden hat. Du bist mit den Werten, Lebenseinstellungen und Denkvorstellungen beider Kulturen vertraut und könntest einem Angehörigen der jeweils anderen Kultur erklären, wie diese Wertvorstellungen, Denkmuster und Einstellungen entstanden sind. Kurz gesagt: Du hast zum einen spezielle Kulturkompetenz für dein Gastland erworben und besitzt zum anderen besondere interkulturelle Fähigkeiten, zwischen den beiden Kulturen zu vermitteln und beide einander näher zu bringen. Du hast damit die Möglichkeit, ein Mittler zwischen den Kulturen zu sein.

Mit diesen Fähigkeiten, zum Beispiel sich in andere Menschen und Lebensumstände hineinzudenken und einzufühlen und damit Verständnis für die Andersartigkeit von Kulturen aufzubringen, kannst du jede Menge tun, um dein Austauschjahr weiterleben zu lassen. Du hast die Möglichkeit, diese Fähigkeiten in deinem Alltag anzuwenden, beispielsweise indem du Einwandererkindern hier bei ihrer Integration hilfst, um Verständnis für Randgruppen und Subkulturen wirbst oder dich in Projekten engagierst, die dem friedlichen Miteinander oder der interkulturellen Verständigung dienen.

Interkulturelle Arbeit

Eine andere sehr konkrete Möglichkeit, die eigenen Austauscherfahrungen weiterzuleben und zu vertiefen, bietet die ehrenamtliche Mitarbeit in einer Austauschorganisation. Erkundige dich bei deiner Austauschorganisation, welche Möglichkeiten der Mitarbeit es gibt. Ehemalige Austauschschüler können sich beispielsweise bei der Auswahl und Vorbereitung neuer Austauschschüler engagieren oder die Betreuung einer Gastfamilie und eines ausländischen Austauschschülers an ihrem Heimatort übernehmen. Damit hilfst du anderen Menschen, die gleichen Erfahrungen zu sammeln, die du auch machen durftest. Auch am Erfolg deines Austauschjahres waren eine Reihe anderer Menschen maßgeblich beteiligt.

Überlege einmal, wie du deine Erfahrungen aus dem Austauschjahr im täglichen Leben anwenden kannst! Wo warst du bereits Mittler zwischen Kulturen?

Zu guter Letzt noch ein Wort über Fernweh

Fernweh ist ein chronisches Leiden vieler ehemaliger Austauschschüler. Kein Wunder, haben sie doch aus eigenem Erleben erfahren, wie reich und interessant die Welt außerhalb des gewohnten Alltags ist. Vielleicht hast auch du schon erste Symptome des Fernwehs an dir erkannt: Kaum ist man aus dem Ausland zurück, packt einen schon wieder die Reiselust. Man möchte Fremdes erkunden, Orte besuchen, die man noch nie zuvor gesehen hat, die Welt erobern. Und das alles möchte man nicht als Tourist, sondern als jemand, der längere Zeit an einem Ort verweilt oder gar für eine Weile dort lebt. Nach dem Austauschjahr bzw. nach dem

Schulabschluss gibt es eine Reihe von Möglichkeiten und Programmen, um weitere Austauscherfahrungen zu sammeln.

Nähere Informationen zu Au-Pair-Aufenthalt, Zivilersatzdienst, einem sozialen Jahr im Ausland, Freiwilligendienst und Auslandsstudium kannst du unter der folgenden Internetadresse finden: *http://www.Ausgetauscht.de/austausch.htm*

Mit diesem Hinweis auf neue Chancen, wieder einmal die Luft der großen weiten Welt und das Lebensgefühl anderer Kulturen zu schnuppern, schließt dieses Buch. Aber wie gesagt, nicht nur in der Ferne, sondern vor allem auch im täglichen Leben gibt es unzählige Möglichkeiten, deine Austauscherfahrung lebendig zu halten und deine Erfahrungen in vielfältiger Weise nutzbar zu machen. Die Wiederanpassung ist die letzte Phase der Rückkehr, aber keinesfalls das Ende deines Austauschjahres. Für die meisten Rückkehrer ist ihr Austausch eine unendliche Geschichte und die Rückkehr das Ende vom Anfang eines Lebensweges, der durch das Austauschjahr eine klare Richtung erhalten hat. Nutze die Chance!

Das Zugvogelgleichnis *von Juliane Hummitzsch-Calhan*

„Zahme Vögel singen von der Freiheit, wilde Vögel fliegen."

Diese Worte haben mich oft in meinem Leben eingeholt. Nämlich genau dann, wenn meine Sehnsucht nach Lebendigsein besonders groß war: Zum Beispiel mit 14 in meiner punkigen Rebellenphase gegen Familie und Staat und eben auch als ich mich mit

16 entschloss, für ein Jahr als Austauschschülerin ins Ausland zu gehen.

Als ich nach einem Jahr wieder in Deutschland einflog und über mein Austauschjahr nachdachte, bildete sich wie selbstverständlich der Vergleich zu einem Zugvogeldasein in mir. Zum einen, um zu verstehen, was mich einst angetrieben hatte, ein Austauschjahr einzugehen, die heimischen Gefilde wie die Zugvögel für längere Zeit zu verlassen. Zum anderen, um zu begreifen, was es mit diesem „Zwei-Welten-Dasein" für mich auf sich hatte, und welche Mitbringsel oder neu entdeckten Fähigkeiten ich an mir wahrnahm.

Mittlerweile bin ich Mitte Zwanzig und betrachte einige Aspekte meines Schüleraustausches beeinflusst durch mein Studium mit anderen Augen. Meine Sichtweisen und Empfindungen möchte ich im „Zugvogelgleichnis" zu Wort kommen lassen – ein Gleichnis, das ich im Laufe der Jahre verändert und ergänzt habe. Ich versuche darin innere Antriebskräfte aufzuzeigen, um Motive für meinen Austausch und vielleicht auch den anderer Austauschschüler zu ergründen und diese Motive zu hinterfragen:

Jeder Mensch wird als kleines hilfsbedürftiges Wesen ins Nest seiner Eltern geboren. Dort ist das unschuldige, unwissende Geschöpf auf die Zuwendung liebender Eltern angewiesen, um irgendwann einmal auf eigenen Füßen zu stehen und in die weite Welt hinauszufliegen.

Wir Austauschkinder sind gewissermaßen wie Zugvögel.

Unsere Lebensgeschichte ist schnell erzählt: Wir schlüpfen aus dem Ei, wachsen zu meist sichtbar prächtigen Jungvögeln heran und beginnen, den Entdeckungsdrang in uns wahrzunehmen. Wenn wir stark genug sind, machen wir uns auf den Weg. Zum ersten Mal raus aus dem elterlichen Nest, zu einem Ort, der uns zumindest zeitweise Heimat wird und die Geborgenheit gibt, die wir suchen oder auch schon im Elternnest genossen haben. Es zieht uns in ein fernes Land; schon viel eher als andere Vögel ihren ersten größeren Schritt in die Unabhängigkeit wagen wollen. So werden wir zu frühen Nestflüchtern, die durch ihre erste große Reise in ein anderes Territorium erfahren, wie andere Vögelstämme lieben, leben und streiten.

So sah ich meinen Austausch damals, als mein „Abenteuer" Austausch.

Heute aber weiß ich, dass ich nicht nur das Neue, Unbekannte suchte, mich ausprobieren wollte oder erfahren mochte, wie gut ich alleine in einem fremden Land unter fremden Menschen klar kommen würde. Nein, bei mir daheim, in meinem elterlichen Nest also, war nicht alles so prächtig, wie ich es zum damaligen Zeitpunkt gerne gehabt hätte. Und so bin ich ein Stück weit auch in meinen Austausch geflüchtet. Ich wollte weg von den familiären Unstimmigkeiten und mich der zeitweiligen Anspannung daheim entziehen. Auch in der Hoffnung, dass sich in einem Jahr zu Hause einiges verändern könnte und bei meiner Rückkehr annehmlicher sei. Im Sommer dann machte ich mich auf den Weg zu meiner Gastfamilie.

In unserem Gastland angekommen, müssen wir Zugvögel uns neu zurechtfinden, uns auf eine neue Umwelt einlassen, fern von allem Altbekannten, und selbst aktiv werden. Dort finden wir eine Art „Tabula-Rasa-Zustand" vor. Wir sind ein unbeschriebenes Blatt, denn wir selbst sind dort fast noch unbelegt mit Eigenschaften. Niemand kennt uns und erwartet von uns, sich auf eine bestimmte Art und Weise zu verhalten. So können wir uns neuartig und mit bisher häufig nicht erlebten Fähigkeiten kreativ entfalten. Schon deshalb, weil wir uns mannigfaltig ausprobieren und für das Leben auf dem „anderen Kontinent" andere (Über-) Lebensstrategien entwickeln können.

Mich faszinierte damals, dass ich mir im Gastland eine neue Identität aufbauen konnte. Niemand wusste genau, wer ich war. Und so probierte ich mich aus: arbeitete beispielsweise mit behinderten Jugendlichen, entdeckte meine Lust am Kochen und erfuhr das Eingebundensein in eine freireligiöse Gemeinde – Dinge, die ich vorher nicht erlebt hatte.

Natürlich blieb ich auch in vielem, so wie ich war: Ich ging weiterhin zum Ballettunterricht, sprang lebenslustig umher und diskutierte leidenschaftlich wie eh und je über Geschichte, Politik oder Vegetarismus. Aber ich entwickelte mich auch weiter, was bei den vielen auf mich einwirkenden Einflüssen von Gastfamilie, Schule und neuen Freunden nicht verwunderlich war. Ich begann, meine durchweg knallbunte Kleidung mit dunkleren Farben zu ergänzen oder gewann mehr Selbstvertrauen, nicht immer mehr die „strahlende, fröhliche Juliane" sein zu müssen. Diese Entwicklung ging auch nach meiner Rückkehr weiter. Und ich fand zu einem ehrlicheren Gefühlsleben, ausgedrückt in meiner Kleidungswahl, die mich auch heute noch in meinen Stimmungen oft widerspiegelt. Stimmungen, die eben nicht immer fröhlich und ausgelassen waren oder sind.

Mein Austauschjahr hat mir in diesem Punkt definitiv einen Anschub gegeben. Meine Gastfamilie erwartete nicht von mir, immer alles mit einem Lächeln auf den Lippen zu meistern. Im Gegensatz zu meinem deutschen Umfeld, wo ich mich oft in der Rolle der „optimistischen, dauerlächelnden Juliane" wiedergefunden hatte. Ich fand Raum zur Veränderung.

Das neue Nest, in dem wir uns niederlassen dürfen, wirkt häufig wie ein Spiegel. Wir erkennen, was uns Gutes im leiblichen Elternnest widerfuhr, was wir so nicht mehr leben wollen, wie es anders geht und wie wir selbst nahrhafte Alternativkörner aufspüren oder selbst aussäen können. In meiner Gastfamilie gefielen mir beispielsweise die Tischsprüche oder -lieder, mit denen das Abendessen eingeläutet wurde. Diesen Moment des Sich-Sammelns kurz vor dem „Reinspachteln" genoss ich, schaute in meine Runde und ließ kurz den Tag Revue passieren. Meine leibliche Familie zurück daheim fand diese Tradition allerdings nicht so ansprechend. Doch war das nicht zu schlimm, wenn auch im ersten Moment enttäuschend. So kenne ich nun eine mir angenehmere Tischkultur und werde diese immer mal wieder anbieten oder vielleicht später in meiner eigenen Familie einführen.

Zudem erging es mir so, dass ich in meinem Gastvater ein Stück weit mehr das Väterliche fand, das mir mein leiblicher Papa auf Grund der Scheidung meiner Eltern und seiner eigenen Wesensart nicht hatte genug geben können. Ich erlebte gemeinsame

Wanderungen, verständiges Zuhören und Gespräche, in denen ich ernst genommen wurde, weil mein „Dad" an meinen Befindlichkeiten und Meinungen sehr interessiert war. Das machte mich zugleich traurig als auch froh und trug ein Stück weit dazu bei, das Verhältnis zu meinem leiblichen Vater neu anzugehen und anzusprechen, was ich mir anders wünschte.

Gleichzeitig merkte ich, dass mir viele Selbstverständlichkeiten aus meiner deutschen Familie im Gastland fehlten. Egal ob ich an das festlich von meiner Mama geschmückte Weihnachtszimmer dachte oder ob mir offene Gespräche über Liebe und Sexualität in den Sinn kamen, ich lernte dieses Dagewesene schätzen, das mir in dieser vertrauten, freien Form in den USA nicht begegnete. Die Erfahrungen besonders mit mir bis dato unbekannten zwischenmenschlichen Umgangsformen in meiner Gastfamilie als auch jene mit kulturellen Unterschieden im täglichen US-amerikanischen Leben haben meinen Blick enorm geweitet. Durch mein Austauschjahr lernte ich meine eigenen Vorlieben oder Abneigungen besser kennen und erfuhr einen Anschub in Richtung bewusstere Wahrnehmung, der immer noch anhält.

Nach einem Jahr in der einst fremden Vogelkultur kehren wir zurück ins „home-home"-Land. Dort zwitschern, picken und flattern wir oft selbständiger und selbstbewusster umher, denn wir haben nun eigene kräftige Stelzen, und uns ist während der „Zeit im Süden" ein eigener Schnabel gewachsen. Wir versuchen, uns wieder einzufinden und lassen neue Melodien verlauten. Nach meiner Rückkehr aus dem Austauschjahr war ich definitiv unabhängiger und sensibler für meine Bedürfnisse geworden. Ich hatte gelernt, besser wahrzunehmen, was ich wollte oder was mir nicht passte.

Das konnte ich dann auch klarer artikulieren und mich abgrenzen, wo es nötig war. Dadurch war es kein Problem mehr, mich einfach in ein Flugzeug zu setzen und mich auf den Flughäfen der Welt zurecht zu finden – für eine durchschnittliche Achtzehnjährige sicher nicht die Norm.

Zudem hatte ich einiges an Ideen, Idealismus, Selbstbewusstsein und neuer Kraft in meinem Gastland gesammelt. Damit brachte ich mich beispielsweise im Schülerrat ein, wo ich nach amerikanischem Vorbild eine Verbindungsgruppe zwischen jüngeren und älteren Schülern initiierte. Natürlich spielte bei meinem Aktivwerden auch der Gedanke mit, von dem mir an Gutem Widerfahrenem etwas zurückzugeben, meine „Inspirationen aus dem Austauschjahr" zu nutzen. Mein Umfeld eben ein Stück freundlicher, wärmer und zwischenmenschlich bewusster zu gestalten.

Manche unter uns Zugvögeln finden sogar ihre andere Heimat im Austauschland. Für mich ist es auch ein Stück weit so. Für mich ist Heimat dort, wo die Menschen sind, die ich liebe. Ich habe nun eine weitere Familie, meine US-amerikanische Familie, die ich schon einige Male besucht habe und die auch schon bei mir zu Besuch war.

Mein Verhältnis zu meiner Gastfamilie ist von Höhen und Tiefen als auch von beständiger Verbundenheit geprägt – „Our home is your home", sagt meine „Mum" dazu. Ich bin sehr froh, um meine andere Anlaufstelle in punkto Problemberatung und emotionaler Rückhalt zu wissen. Dort kann ich mir ebenso wie bei meiner leiblichen Familie bzw. bei meinen Freunden Wärme abholen oder mich zum Ausruhen und Auftanken niederlassen. Allerdings muss ich zum Aufrechterhalten dieser Nähe einiges tun und merke, dass das im Laufe der Jahre schwieriger geworden ist. Schon allein die weniger gemeinsam verbrachte Zeit als auch meine familiengelösteren Lebensvorstellungen gestalten die Beziehungspflege schwieriger. Doch das ist kein Grund für mich, nicht immer mal wieder etwas von mir hören oder mich blicken zu lassen und mich auf eine Weitergestaltung unserer Beziehung einzulassen.

Zugvögel fliegen jedenfalls regelmäßig hin und her. Gefällt ihnen ein Fleckchen besonders gut, dann kehren sie dahin wieder zurück. Ansonsten geht ihre Suche vor Einbruch des Winters in eine andere Richtung weiter, stets in wärmere Gefilde als die ihrigen.

Ja, ein gewisses Fernweh treibt wohl die meisten ehemaligen Austauschschüler in regelmäßigen Abständen auf fremden Boden. Sicherlich spielen da ein gewisser Entdeckerdrang und Abenteuerlust eine Rolle, aber auch der Wunsch nach Auseinandersetzung mit und Bereicherung am Unbekanntem. Eine Schwierigkeit der Austauscherfahrung ist mitunter die Heimatlosigkeit, die wir spüren, wenn wir zwischen beiden Welten umherirren, obgleich das Pendeln zwischen beiden Kulturen für die meisten mehr oder weniger lebensbeeinflussend wird. Denn auf beide Kulturkreise haben wir uns eingelassen – Herz da gelassen. Der Austausch, die Reisen, die Suche geben uns Inspirationen für „unseren eigenen Weg", vielleicht auch Mut, es anders zu machen, für uns selbst passend. Nun gilt es, uns einen Platz zu suchen – ein oft langwieriges Unterfangen. So steckt für viele auch ein Suchen nach Glück oder Zufriedenheit hinter dem Umherziehen. Bis sie fündig geworden sind oder sich ihren Lebensraum so erfüllend gestaltet haben, dass sie bleiben wollen. Im eigenen Nest.

Anforderungen, Bedürfnisse und Austauschprogramme ändern sich im Laufe der Zeit. Austauscherfahrungen ebenfalls. Deshalb freuen wir uns über deine Meinung – sei es Lob, Kritik oder gar ein Verbesserungsvorschlag – damit auch zukünftige Austauschschüler und Eltern bestmöglichen Nutzen aus unser aller Erfahrungen ziehen können.

E-Mailadresse: autoren@ausgetauscht.de

Über diese Buchreihe

Unsere Buchreihe **RICHTIG AUSGETAUSCHT** begleitet Austauschschüler und Familien durch die unterschiedlichen Stadien eines Austauschjahres. Nähere Informationen zu den einzelnen Publikationen dieser Serie haben wir unter folgender Internetadresse bereit gestellt: www.Ausgetauscht.de/richtig-ausgetauscht.htm

Phasen eines Austauschjahres:

Orientierung und Entscheidung
Ein Austauschjahr – ja oder nein?
Dieses Buch begleitet Schüler und Eltern von der Idee hin zur Entscheidung für oder gegen ein Austauschjahr.

Ein Austauschjahr
Vom Zauber des Dazugehörens

Programmauswahl
Dieser Ratgeber unterstützt Schüler und Eltern bei der Auswahl eines geeigneten Austauschprogrammes und einer zuverlässigen Austauschorganisation.

Das richtige Austauschprogramm
Auswahlhilfen und Qualitätsmerkmale

Vorbereitung auf das Austauschjahr
Dieser Teil der Buchreihe vertieft die für den Erfolg des Austauschjahres wesentliche persönliche Vorbereitung von Schüler, Familie und Gastfamilie.

Trennung und Integration
Eine Kultur entdecken.
Dieses Buch unterstützt Eltern und Schüler in der erfolgreichen Meisterung der Trennung und beim Entdecken und Erlernen der neuen Kultur.

Die Heimkehr
Der Anfang vom Ende oder das Ende vom Anfang? Dieser Teil hilft Familien und Schülern, Schwierigkeiten bei der Heimkehr zu überwinden und die Rückanpassung für alle so erfolgreich wie möglich zu gestalten.

Die Rückkehr aus dem Austauschjahr
Das Ende vom Anfang

Danach
Wir zeigen an sehr persönlichen und individuellen Erfahrungen, wie ein Austauschjahr Lebenswege verändert und Welten einander näher bringt.

Sehr viele Menschen haben für den Erfolg dieses Buches ihre Austauscherfahrungen in der Hoffnung zur Verfügung gestellt, dass sie auch anderen von Nutzen sein möge. Ihnen allen gebührt unser großer Dank.

Insbesondere möchten wir uns aber auch bei den Menschen bedanken, die uns durch ihre Reflektionen und Zuarbeit erlaubt haben, das Buch so nah wie möglich an den gelebten Erfahrungen von Austauschschülern, Gastfamilien und Eltern auszurichten.

Eine unschätzbare Hilfe waren uns:
Anke Müller, Birgit Thede, Christine Sobczyk, Erika Schenk, Juliane Hummitzsch-Calhan, Laura Banse, Marit Aarnes, Mike Raube, Nina Langenburg, Petra Aurich, Stephanie Werth und Ulrich Zeutschel

Namen, Orte und Ereignisse dieses Buches wurden dabei gelegentlich durch uns bearbeitet, verändert und neu zusammengestellt, um den Erfordernissen des Buches und dem logischen Aufbau der einzelnen Kapitel gerecht zu werden.